本书得到皖南医学院博士科研启动基金（WYRCQD2018003）和2017年度皖南医学院教学质量与教学改革工程项目：法学专业综合改革试点（2017zygg01）资助。

|光明社科文库|

# 风能资源开发利用法律保障机制研究

## 以内蒙古为例

宁金强◎著

光明日报出版社

图书在版编目（CIP）数据

风能资源开发利用法律保障机制研究：以内蒙古为例 / 宁金强著．--北京：光明日报出版社，2020.1
ISBN 978-7-5194-5601-6

Ⅰ.①风… Ⅱ.①宁… Ⅲ.①风力能源—能源开发—法规—研究—内蒙古 Ⅳ.①D927.260.267.4

中国版本图书馆CIP数据核字（2020）第022579号

## 风能资源开发利用法律保障机制研究——以内蒙古为例
### FENGNENG ZIYUAN KAIFA LIYONG FALYU BAOZHANG JIZHI YANJIU——YI NEIMENGGU WEILI

| | |
|---|---|
| 著　　者：宁金强 | |
| 责任编辑：郭思齐 | 责任校对：姚　红 |
| 封面设计：中联学林 | 特约编辑：田　军 |
| 责任印制：曹　净 | |

出版发行：光明日报出版社
地　　址：北京市西城区永安路106号，100050
电　　话：010-63139890（咨询），63131930（邮购）
传　　真：010-63131930
网　　址：http://book.gmw.cn
E - mail：guosiqi@gmw.cn
法律顾问：北京德恒律师事务所龚柳方律师
印　　刷：三河市华东印刷有限公司
装　　订：三河市华东印刷有限公司
本书如有破损、缺页、装订错误，请与本社联系调换，电话：010-63131930

| | | | |
|---|---|---|---|
| 开　　本：170mm×240mm | | | |
| 字　　数：168千字 | | 印　　张：15 | |
| 版　　次：2020年1月第1版 | | 印　　次：2020年1月第1次印刷 | |
| 书　　号：ISBN 978-7-5194-5601-6 | | | |
| 定　　价：93.00元 | | | |

版权所有　翻印必究

# 序　言

　　风能资源的有效开发利用是发挥内蒙古资源优势，实现其经济可持续发展、实现民族团结与共同进步的重要选择，也是实现国家清洁能源替代、应对气候变化的重要保障。研究内蒙古风能资源开发利用法律保障机制的最终目的，是希望能在法律制度文本与实施机制的法制框架内寻找一种能有效引导和规范内蒙古风能资源开发利用的法律机制，以回应产业健康发展、有序发展的现实需求。本文的核心内容在于通过实地调研，重点梳理总结当前内蒙古风能资源开发利用所面临的，但尚未引起学界密切关注的环境保护问题与征地补偿制度实施中的现实问题，对其法律缺陷进行解读与分析，在研究域外经验的基础上，提出完善内蒙古风能资源开发利用法律保障机制的具体设想，以有效约束资源开发者、监管者以及利益相关者的行为，实现三者之间合理的利益分配，预防和减少风能资源开发利用中的资源浪费、环境破坏以及其他不利于民族团结进步的影响因素，这是本书的具体研究目标。为此，本书共包括七部分内容。

绪论主要说明了选题的研究背景与研究意义，在认真梳理和总结分析国内外研究现状的基础上指明了本研究的切入点，介绍了本研究的方法，对本研究的主题进行了适当界定，最后总结了本研究的写作思路和存在的不足。

第一章是内蒙古风能资源开发利用法律保障机制概述。一方面，分析论证了内蒙古风能资源开发利用法律保障机制的价值与现实基础，为内蒙古风能资源开发利用法律保障机制的研究描述了清晰的现实背景。另一方面，回顾了内蒙古风能资源开发利用法制建设历程，梳理出现行内蒙古风能资源开发利用法制体系，较为清晰地厘清了后续研究的法制背景。

第二章是A旗风能资源开发利用的实证研究。通过对田野点A旗的风能资源开发利用现状的描述，为现实问题的发掘提供了前提。进而以实际调研资料为基础，通过个案访谈并结合问卷调查，对A旗风能资源开发利用中存在的生态影响与环境破坏以及因征地补偿引发的牧企纠纷这两类典型问题进行了细致描绘，并结合具体案例进行了必要的经济与社会分析，为下文对内蒙古风能资源开发利用法律保障机制的缺陷反思提供了必要的事实基础。

第三章是内蒙古风能资源开发利用法律保障机制的缺陷。对A旗为代表的内蒙古风能开发利用中的实践问题所折射的现行风能资源开发利用法律保障机制的不足进行了详细分析。主要归纳为以下几个方面：一是内蒙古风能资源开发利用法律体系不健全，二是环保和征地补偿的具体立法有瑕疵，三是内蒙古风能资源开发利用法律制度的实施机制有待完善。对其中某些比较重要的细节问题进行了分析讨论，为下文的研究圈定了具体的问题领域。具体来说，重点问题在于两点。一是由于重发展轻环保的顽固思维影响和对风电清洁性的认知误区，现行环保领域的一般立法，尤其是环境影响评价法尚未对风电项目的环境影响问题做出具有针对性和实效性的规定；现行风电领域的环保立法也处于滞后状态。考虑到内蒙古特殊的气候、土壤条件和少数民族的生态文化传统，不计后果的盲目发展有可能造成难以挽回的损失，因此，相关法律制度的缺陷亟待纠正。二是现行征地补偿立法不符合风电项目建设运营实际，未充分考虑当地固有的生态条件和被征地农牧民的特点，所以存在补偿范围过窄、补偿标准不合理、临时征占地补偿规则不科学和补偿形式单一等具体问题，实践中因征地补偿不公引发了大量的牧企纠纷。另外，现有法律实施机制存在缺陷，行政监管机制不合理、公众维权和参与执法监督的法律保障不力、纠纷解决路径不畅，进一步加剧了风能资源开发利用中的生态环境损害与牧企冲突。

第四章是国外风能资源开发利用法律保障机制的经验借鉴。笔者分别考察了德国、丹麦和美国三个发达国家的风能资源开发利用法律保障机制的发展概况，认真分析、梳理了各国风能资源开发利用法律保障机制对完善内蒙古风能资源开发利用法律保障机制的有益借鉴或启示，以及应该注意吸取的教训，为下文内蒙古风能资源开发利用法律保障机制的完善方案的构思提供有益的帮助。具体而言，本研究认为，内蒙古风能资源开发利用法律保障机制的完善，在立法技术方面，应该重点学习借鉴上述国家，尤其是德国严谨、科学的规则设置方式；在立法形式上，应该主要借鉴美国的统分结合模式，即国家层面的统一立法与地方立法相结合、综合立法与专项立法相结合，注重本国、本地的实际需要这样一种立法思路；在具体制度的完善方面，重点学习借鉴丹麦完善的不动产补偿法律机制和合理的地方受益法律保障机制。

第五章是内蒙古风能资源开发利用法律保障机制的完善。在借鉴德国、丹麦和美国等西方发达国家法制经验的基础上，根据域外法制经验的启示及对具体国情与区情的考量，对内蒙古现行风能开发利用法制体系的完善提出了初步的思考，对一些具体制度的完善提出了一些详细的建议，希望通过立法的科学性、合理性及周延性的提升，进一步增强内蒙古风能资源开发利用法律制度的规范性与可操作性。总体上，对于共同性的立法问题，建议由国家层面予以完善，对于具有地域特点的生态环保等问题，则建议通过地方立法的方式进行完善。其中，研究根据内蒙古当地的实际情况，对公众参与环评以及土地征收等制度中的一些具体法律规则的完善，提出了较为细致的构想。最后，就内蒙古风能资源开发利用的实施机制，笔者从行政执法机制、公众力量的抗衡机制以及纠纷解决机制的完善三大方面做了简要探讨。在行政监管机制的改进策略中，主张改革现行环境保护监管体制，进一步明晰职权与责任的匹配性。另外，主张通过完善公众参与执法监督和"权利抗争"来培育现代公民意识，进而更好地维护自身的合法权益；建议通过完善司法制度便利牧企纠纷的解决；提倡重视政府在风能资源开发利用纠纷解决中的协调处理作用，进一步促进非政府公益组织的发展，重视其在民间纠纷解决中的重要作用。

结语主要对本研究情况进行总结，指出了其中的创新和所存在的不足。

# 目 录
CONTENTS

**导 论** …………………………………………………… 1
  一、选题目的和意义　1
  二、相关研究现状　6
  三、研究方法　17
  四、研究主题的界定　20
  五、研究思路及可能的创新与不足　27

**第一章　内蒙古风能资源开发利用法律保障机制概述** …………… 30
  第一节　内蒙古风能资源开发利用法律保障机制的价值与
        现实基础　30
    一、内蒙古风能资源开发利用法律保障机制的价值　32
    二、内蒙古风能资源开发利用法律保障机制的现实基础　46
  第二节　内蒙古风能资源开发利用的立法历程　49
    一、风能资源开发利用立法初步发展时期（2005年之前）　50
    二、风能资源开发利用立法体系化初步形成期（2005年至
       2010年）　51

三、风能资源开发利用立法体系逐步成熟期（2011 年至今） 54

第三节 现行内蒙古风能资源开发利用法律体系 62

一、风能资源开发利用的综合性规范 62

二、风能资源开发利用规划规范 63

三、风电项目建设管理规范 64

四、风电产业促进规范 65

五、风电市场培育规范 66

小　结 68

# 第二章 A 旗风能资源开发利用的实证研究……………… 70

第一节 A 旗风能资源开发利用概况 71

一、大型风电场建设情况 71

二、小风机使用情况 73

三、A 旗的微电网项目 74

第二节 A 旗风能资源开发利用中的生态影响与环境破坏 75

一、大型风电场建设与运营中的生态影响 75

二、风能资源开发利用中的自然环境破坏 81

三、风能资源开发与当地文化环境的冲突 89

第三节 风能资源开发利用中的牧企纠纷 92

一、两起牧企纠纷 92

二、两起纠纷背后的经济与社会分析 96

三、缓和牧企冲突的地方实践 100

小　结 104

# 第三章　内蒙古风能资源开发利用法律保障机制的缺陷 ……… 105

## 第一节　风能资源开发利用法律体系不完善　105
一、过多的政策性规范有损法的权威性和有效性　106
二、相关立法之间衔接不足导致法的执行困境　108
三、地方立法不足降低了法的适应性　110

## 第二节　风能资源开发利用中环境保护立法存在瑕疵　114
一、风电专项立法中的生态环境规则有待完善　117
二、风电项目环境影响评价技术规范存在缺失　119
三、环境影响评价公众参与机制有瑕疵　121

## 第三节　风电项目征地补偿立法存在不足　124
一、征地补偿范围过窄　125
二、征地补偿标准的设置不科学　128
三、临时征地制度的时限规定不合理　129
四、征地补偿形式不利于农牧民利益保障　130

## 第四节　风能资源开发利用法律实施机制不完善　132
一、行政监管体制不完善　132
二、公众参与执法监督的积极性有待提升　137
三、纠纷解决机制存在缺陷　140

小　结　141

# 第四章　国外风能资源开发利用法律保障机制的经验借鉴 ……143

## 第一节　德国的风能资源开发利用法律保障机制　143
一、德国风能资源开发利用法制保障机制概况　144
二、《可再生能源法案》（EEG）的内容考察　145

三、德国风能资源开发利用法律保障机制的启示 149

第二节 丹麦的风能资源开发利用法律保障机制 151

一、丹麦风能资源开发利用法律保障机制概况 152

二、完善的不动产补偿法律保障机制值得借鉴 153

三、合理的地方受益法律保障机制有重要的参考价值 154

四、科学严谨的立法技术值得学习 155

第三节 美国的风能资源开发利用法律保障机制 156

一、美国风能资源开发利用法律保障机制法制概况 156

二、美国风能资源开发利用法律保障机制的有益启发 160

三、美国风能资源开发利用法律保障机制的教训 161

小 结 162

# 第五章 内蒙古风能资源开发利用法律保障机制的完善 ……… 165

第一节 完善内蒙古风能资源开发利用法律体系的基本
路径 166

一、以生态环保优位原则修订可再生能源法 166

二、提升风能资源开发利用立法的层次 167

三、制定《内蒙古风能资源开发利用管理条例》 169

第二节 完善内蒙古风能资源开发利用中的生态与环境
保护立法 175

一、细化和完善风能资源开发利用法律制度中的环保规则 175

二、健全风电项目环境影响评价技术规范 177

三、完善风能资源开发利用环境影响评价公众参与机制 178

第三节 完善风电项目征地补偿立法 183

一、扩大征地补偿面积的计算范围　184

　二、合理设置征地补偿标准　184

　三、科学设定临时征占地补偿费用的支付规则　185

　四、创新征地补偿形式　186

第四节　完善内蒙古风能资源开发利用法律实施机制　188

　一、完善风能资源开发利用的行政监管机制　188

　二、重视公众在法律实施中的重要作用　193

　三、健全风电场建设纠纷解决机制　197

小　结　201

**结　语** ································································· 203

**参考文献** ······························································ 205

**附录：内蒙古风能资源开发利用中当地群众的利益保障情况的调查问卷** ······················································ 216

**后　记** ································································· 223

# 导 论

## 一、选题目的和意义

### (一) 选题目的

大量的化石能源消费给人类生存和发展带来严峻的挑战，温室效应带来的气候变化、传统化石能源的日益枯竭都在驱使能源领域的革命式发展。世界各地纷纷重视并发展新能源的开发和利用技术，水能、核能、风能、太阳能、生物质能等新能源应用项目成为当前各国鼓励发展的重点领域。在众多的新能源家族中，风能因其特有的优势逐渐取得了重要地位。对于人类来说，风能资源相比传统化石能源具有可再生性、清洁性特征，相比新能源中的核能，更具安全性；比太阳能利用污染小；比水能利用对生态的影响小；最具优势的是，风能资源开发利用的成本是最低的。因此，风能资源的开发利用在世界范围内日益得到重视，很多国家都将发展风能资源作为本国应对气候变化问题的重要手段。风能资源开发利用的方式有很多种,如风力发电、风力提水、风力助航、风能制冷与风能供热等,为人类的生产生活带来了极大的便利。其中,风力发电是最主要的开发利用方式。目前,风电在所有新能源开发利用中,具有技术成熟度高,适宜大规模、商业化开发的特点,正在逐步成为主流电源之一。21世纪以来,风能资源的开发利用取得了显著成绩,世界风力发电技术迅速发展。"到2015年年底,全球风电累计装机容量达4.32亿千瓦,遍布100多个国家和地区。"[1]

我国的风能资源十分丰富,仅次于俄罗斯和美国,居世界第三位,风电产业的发展也已经具有了一定的规模。"到2015年年底,我国的风电并网装机达1.29亿千瓦,年发电量1863亿千瓦时,占全国总发电量的3.3%,已经成为我国继煤电、水电之后的第三大电源。"[2] 由于我国风能资源主要分布在东部沿海地区与内陆的三北地区,其他地区风带小而分散,很难实施大规模开发,对国家整体能源结构影响不大。从实际开发情况看,虽然拥有较多海上风能资源储备,但中国北有海冰、南有台风,加上淤泥岩石等复杂的地质条件限制和技术设备相对滞后,海上风电的产业化发展并不能急于求成。国家能源局新能源司相关负责人曾表示:"'十三五'期间,海上风电是重要的能源发展领域,但其发展不需要全面开花,不需要上规模,毕竟其中风险很大,经验积累和技术完善需要时

---

[1] 国家能源局. 风电发展"十三五"规划 [EB/OL]. 国家能源局网站,2016 – 11 – 29.

[2] 国家能源局. 风电发展"十三五"规划 [EB/OL]. 国家能源局网站,2016 – 11 – 29.

间。"① 因此，在未来很长一段时间内，我国风能资源开发利用的主要形式仍然是陆上风力发电。

由于风能资源开发利用是个复杂的系统工程，存在相互关联的诸多环节，因此其对立法技术和立法水平以及执法能力都有较高的要求。我国风能资源的规模化开发利用相对较晚，制度经验尚不充分，相关技术也不够成熟。从现有的风能资源开发利用法律保障机制来看，虽然监管制度、产业促进机制和市场机制等方面均有所建树，但似乎没有一项堪称完备。现行法律多内容寥寥，规定过于原则，可执行性不强，形式上分散在不同的法律规范中，还存在诸多空白。政府层面出台的诸多规范性文件，虽然规定得较为细致，但往往"件"出多门，经常出现相互之间规定得不一致，这些均表明，我国当前风能资源开发利用的法制建设远远跟不上我国风电产业的发展实际，造成了执行中的困难。风能资源开发利用的有序化、产业结构的优化是一个长期、复杂的过程，唯有法制化才能避免政策的不稳定性和执行落差所带来的弊端，使市场主体产生较为稳定的预期，为风能资源的合理开发和可持续利用创造良好的制度环境。因此，健全和完善我国风能资源开发利用法律保障机制，有效引导和规制风能资源开发利用健康有序发展，是一项现实而迫切的重要任务。

千里之行，始于足下。宏观的风能资源开发利用法律保障机制的建构和完善离不开具体的地方实践经验支撑。内蒙古自治区是我国开发利用风能较早的省区，也是我国目前风电场建设规模最大、

---

① 陈宜思.6兆瓦海上风机急于批量为什么？[N].中国能源报.2017-08-23.

电网企业支持力度最大、效果较好的省区。内蒙古横跨"三北地区",拥有发展风电产业的资源优势①与区位优势②。目前,内蒙古风电上网电价已经与东部沿海发达省市的燃煤电电价相当,是全国风电电价较低的地区之一。至 2017 年上半年,内蒙古风电累计并网容量达到 2611 万千瓦,发电量为 267 亿千瓦时。③ 内蒙古规划到 2020 年风电装机达到 4500 万千瓦,本地消纳 2700 万千瓦,外送 1800 万千瓦。④ 无论是现在还是将来,内蒙古风电在全国始终担任着排头兵的角色。作为我国风能资源开发利用相对成熟的地区,内蒙古的法制经验可以在其他地区进行推广,其在风能资源开发利用中的教训也可以被其他地区所吸取,从而为完善我国风能资源开发利用的法律保障机制提供借鉴。

在 2017 年国家风电发展"十三五"规划中,国家明确提出了实现风电从补充能源向替代能源转变的发展方向。电改政策连续出台,为风电消纳逐步创造出良好的市场环境。从某种意义上说,内蒙古风能资源开发利用产业发展正处于重要的关口期,其自身也亟需从现实问题中寻找完善风能资源开发利用法律保障机制的突破口,以便充分发挥法律机制的保障作用,为内蒙古风能资源开发利

---

① 作为我国陆上风能资源最富集的地区,内蒙古风能资源总储量为 16.3 亿千瓦,技术可开发量达 14.6 亿千瓦,占全国的 56.2%以上,风向稳定、连续性强、无破坏性台风和飓风,风能利用率高,且风能集中在沿边广袤的荒漠和草原,征地、建设成本低。
② 内蒙古接壤 8 个省区,对西辐射西北,对中辐射华北,对东辐射东三省,可以供给全国的能源需求。
③ 国家能源局.2017 年上半年风电并网运行情况 [EB/OL].国家能源局网站,2017 - 07 - 24.
④ 内蒙古自治区人民政府办公厅.内蒙古自治区可再生能源发展"十三五"规划 [EB/OL].内蒙古自治区政府门户网站,2017 - 06 - 30.

用的良性发展保驾护航。

(二) 选题的意义

研究内蒙古风能资源开发利用法律保障机制问题,具有十分重要的理论意义及实践意义。

1. 理论意义

本书以实证调研为基础,通过对内蒙古风能资源开发利用中的实践性问题进行深入剖析,综合运用经济学、法学、社会学和民族学等专业知识和分析工具,深入挖掘并梳理出指导内蒙古风能资源开发利用法律保障机制的指导思想与基本原则,以丰富和拓展风能资源开发利用法律保障机制的理论研究,使研究具有一定的理论价值。

一是可以拓展风能资源研究的新视野,引导部分学者深入少数民族聚居地区风能资源开发利用这样一个特殊的领域,并对风能资源地少数民族群众的利益维护展开更为精细深入的研究。

二是针对内蒙古这样一个民族地区的特殊情况,对传统理论进行分析、甄别和适当修正,探寻更适合民族地区风能资源开发利用的指导理论,将在一定程度上深化该领域的理论研究。

三是通过跨学科研究,将风能资源开发利用法学研究的知识体系扩展到气象学、生态学、经济学、政治学、管理学等相关学科领域,同时打破资源法学、环境法学与经济法学等学科界限,形成以问题研究为中心的跨学科研究范式,创新传统的法学研究方法。

2. 实践意义

风能资源的开发和有效利用不仅有利于降低温室气体排放,减少大气污染，对于内蒙古这样的生态脆弱地区而言，也是开拓新的经济增长点的良好机遇，是真正实现环保与经济效益双赢的阳光事业。风能不是无关紧要的补充能源，而是最具发展潜力的新兴能源，进行内蒙古风能资源开发利用法律保障机制研究具有巨大的现实意义。

一是通过对内蒙古风能资源开发利用状况和现行相关法律规范的运行效果的分析研究，以风能资源开发利用中面临的现实问题为出发点，对内蒙古风能资源开发利用法律保障机制的完善提出有针对性的建议，可以作为当地政府以及其他地区相关决策和立法的参考。

二是通过对内蒙古风能资源开发利用中存在的生态环保问题的揭示，可以对社会起到一定的警戒和教育作用，改变之前对风能资源开发利用宣传中"清洁能源"的片面认识，更为慎重地对待风能资源开发利用中的生态与环境保护，以保障民族地区的可持续发展。通过关注内蒙古风能资源开发利用中利益的合理分配问题，可以促进少数民族群众的利益保障，有利于增强民族团结。

三是风能资源开发利用的法律保障问题与太阳能等其他新能源的法律保障问题具有一定的相似性，本研究结论可转化为对类似行业一般性立法的参考。

## 二、相关研究现状

本选题涉及的核心词汇有四个：内蒙古、风能资源、开发利用、法律机制，因此，在文献搜集中，笔者不仅搜集内蒙古风能资源开发利用的法学研究文献，实际上还广泛涉猎包含风能资源的气候资源开发利用与保护类文献，同时对于包含风能利用的可再生能源法制问题的研究文献也在搜集整理的范围之内。实际的学习和研究中，不可避免还要涉猎一些风能资源开发利用的工程学方面的研究与经济管理类研究，他们的某些方法或观点给笔者以较大启发。

（一）关于风能资源开发利用的研究

法学界以风能资源开发利用为主题的研究成果并不多，杨惜春是其中比较多产的一位学者。他在2007年的《尚需完善的我国气候资源保护立法》中就较早地指出了我国风能资源开发利用立法的不足（新旧法不衔接、条文分散、财政制度和配额制度等基本制度及配套制度不完善）以及管理监督体制的缺陷，在此基础上提出了制定气候资源法的建议，分析了立法的基本原则，提出了完善价格和配额制度，建立风能资源保护制度，提出了建立风能资源开发利用与保护管理体制的基本设想。该文贡献在于在风能资源开发利用成为关注热点的情况下，能冷静地提出风能资源保护的议题，虽只是简单提及未展开讨论，但已经为风电热的理论反思做出了贡献。不足在于其受限于文章篇幅，虽然面面俱到，但没有对问题展开深入的探讨，论证部分过于单薄。而2010年的《论我国风能资源开发利用法律制度》主要分析了风能资源开发利用中存在的风能资源评估问题、风电设备国有化率不高以及成本效益失衡的问题，介绍了我国风能资源开发利用法制概况，分析了其中的问题。这些问题的揭示和梳理对后来者的研究具有一定的启发。对风能资源开发制度的系统梳理和介绍也可为新进入该领域的研究者提供有益参考。

不足在于未针对问题进行解决方案的具体设计，也未对现有法律制度进行分析和评价。

Zheng Haitao、Sylvian R. Watts-Jones、Wim Ravesteijn 在其《新疆维吾尔自治区风能政策的实施研究》中介绍了当前可再生能源法律政策体系，并以新疆维吾尔自治区风能法律实施为例讨论了我国可再生能源法实施中的困难。研究认为造成困难的具体原因有两个方面，一是当地政府官员对可再生能源兴趣不足，没有把重点放在可再生能源的发展上，导致可再生能源政策并没有得到很好的执行；二是过时的设施和技术是影响可再生能源政策实施的其他重要因素。这些分析视角具有一定的启发意义。唐学军、陈晓霞、杨长海在《西藏自治区风能资源开发与保护法律问题研究》中，立足于西藏自治区的风能资源开发利用与保护问题，系统梳理了西藏在风能资源开发利用与保护方面的立法中存在的新旧法规范不延续、立法过于分散以及法律制度的不完善问题（其中具体涉及气象管理部门的财政法律制度不完善、配额制立法不足、配套法律不足）和监管机制的不足。文中建议对风能资源的开发利用与保护进行自治区一级的专项立法。文章的不足在于其受限于文章篇幅，没有对问题展开更为全面的讨论。比如，对财政法律制度，只谈及了气象管理部门的财政经费问题，对于风能资源开发利用中的其他财政问题只是一笔带过。其他方面也是如此，文章的论证部分也略显单薄，尤其是对风能资源开发利用中的民族因素的关注度有待提高。但文章能在有限的篇幅内对西藏自治区风能资源开发利用的法律问题做出比较系统地梳理，并能提出相应对策已是不易。Zhongying Wang、Haiyan Qin、王琪、薛荣婵、刘海陆、向亮、王筱安、何凯和陈中宁等人也有相关文章关注到了这一主题。其中，Zhongying Wang, Haiyan Qin, Joanna I. lewis 的文章 China's wind power industry: Policy support, technological achievements, and emerging challenges，考察了 2005 年可再生能源法颁布后我国风电设备、技术的发展情况，以及风能利用与成本下降情况。文章分析了影响我国风能产业可持续发展的相关障碍因素，包括了法律政策、电网输送能力以及技术革新不足等，并据此提出了相关问题的解决路径。王琪在其硕士学位论文《我国风能开发利用中的法律问题研究》中对我国风能资源开发利用的主要法律制度进行了梳理，分析了其中的不足，认为政府主导作用的发挥有待改进，缺乏一套体现市场机制的资金融通制度，风能开发利用资金管理、利用和监督方面存在缺陷，总量目标制度存在不足；并在此基础上提出了相应的完善建议，这属于风电产业问题的研究。另外，相关文章还有薛荣婵的《我国风力发电法律促进机制研究》（2010），郜荣娟的《风能开发利用中的法律问题研究》（2011），刘海陆的《我国风电产业法律问题研究》（2012），向亮、王筱安、何凯的《我国风能立法制度研究》（2013）以及陈中宁的《我国风力发电立法研究》（2014）等。

总体来看，以风能资源开发利用为主题的系统研究相对少而粗浅，只是为学界提供了开阔视野和拓展研究范围的一种思路，他们所做的系统的资料梳理与积累工作为后人的研究提供了很大的帮助。

从专题研究的角度看，法学角度的专题研究也不多，笔者仅搜到两篇，但质量较高，值得学习借鉴。其中一篇是王太高教授的《风能开发利用中的行政许可研究》，王教授系统梳理了风能开发利用中行政许可的类型并对其进行了评析，指出了存在的问题，针对问题提出了相应的对策和建议。王教授的主要观点是，关于许可的设置应该考虑政府管制和市场自主的平衡需要，清理现有的许可项目，能够通过市场和技术处理解决的问题尽量不要设置行政许可。文晓静在《论气候资源的有限开发与行政法规制——以太阳能和风能为分析标本》中强调了风能资源的有限性特点，从而提出了对其开发利用进行法律规制的必要性，作者从科学规划、严格市场准入与风险预防等方面提出了法律规制的内容设想。

另外，从工程学、管理学、经济学等专业角度研究风能资源开发利用的较多。如王健的博士论文《我国风能资源的最优化开发研究》是一篇典型的工程技术论文，但其在资源配置理论中关于政府与市场、效率与公平的阐述给笔者以启发，即在风能资源的合理开发利用中，法律制度的设计必须对这些问题予以考虑。Bartosz Bilski 在其《噪音等因素对公众参与投资风能产业的实际影响》中提出了影响公众对风电产业投资的最重要因素——经济、社会、健康和环境。它特别讨论了影响潜在投资地点的最重要因素：风力发电机组产生的噪声排放。文章在其研究成果的基础上，对学术文献进行了分析，对影响投资的因素进行了评估，认为声音和次生噪声对当地社区和环境都有影响。Philip Martin Duguay 在《南非风能发展需要面对的法律、政治与社会障碍》中，从管理学的角度研究了南非风能发展的法律与政策背景，当前决策者所面临的现实困境，能源法的道德转变以及利益相关者的行动，指出必须在工业、政府和社区之间建立一种新的关系以帮助推动南非风能的发展。Donald McCubbin、Benjamin K. Sovacool 在《风能与天然气对人体健康和环境的质量的对比研究》中，运用经济学方法对美国的两个风电场的实际数据进行搜集，计算出了它们的环境与健康的价值。王成仁的博士论文《博弈与规制：中国风电产业发展中的政府行为研究》运用博弈论原理分析了风电产业发展中的政府行为及其影响因素，揭示了相关的规制需求。Clare D'Souzaa，n，Emmanuel K. Yiridoeb 在《澳大利亚公众对风能的接受度分析》中，运用社会学方法，以实证方式评估了澳大利亚 226 名调查对象样本中影响公众对风能发展接受性的相关因素，论证了社会接受性在风能发展中的重要性。研究指出了当地社区居民的认同度不高是风能发展的一个重要障碍，这为政策制定者和风能开发商的相关决策指明了方向。Yvonne Rydin、Maria Lee 和 Simon J Lock 在《大型风电工程中的公众参与决策》中，分析了 2008 年《规划法案》下国家重大风能项目申请的部分决定，重点审查了权威报告对公众所表达的关切事项做出反应的方式。作者得出三个密切相关的结论：首先，虽然有细微的差别和灵活性，但国家决策中倾向于限制不同意见的范围；其次，在国家大力支持风能发展的背景下，审查机构正试图找到一种方法来处理公众的参与问题，而不是完全否定它们；最后，尽管稍微有些尝试性，但在司法等一系列领域内依然偏好于专业人员的决策。

关于内蒙古风能资源开发利用的非法学研究成果中，比较重要的有刘力全、王圆媛等的《内蒙古自治区风能源分布情况及开发过程中存在的问题》[1]，刘斌、张晶晶的《关于内蒙古自治区能源项

---

[1] 刘力全，王圆媛，等. 内蒙古自治区风能源分布情况及开发过程中存在的问题[J]. 内蒙古石油化工. 2012（14）.

目征地补偿机制有关问题的探讨》①，潘艳秋、李谣的《辉腾锡勒风电场对区域生态环境影响初探》②，李国庆、刘志锋、常学礼等共同发表的《风电场对草地蒸散发影响分析》③，王楠的硕士学位论文《内蒙古赤峰市风电产业开发负外部性利益补偿研究》④，段钢、陈玮的《试论内蒙古风能资源的综合利用》⑤，邹德钦的《内蒙古牧区风资源的生成及特征》⑥。这些非法学研究从各自的专业视角，对内蒙古风能资源开发利用中的相关问题进行了探讨，对本研究视角的选择和问题意识的形成有很大的启发作用，某些具体研究成果也可以作为内蒙古风能资源开发利用法律保障机制研究的有益参考。

（二）关于国外风能及可再生能源利用法律政策的研究

专门介绍国外风能利用（风电产业发展）法律政策的主要有梁志鹏《国外风力发电的发展机制和政策法规述评》，Paolo Agnolucci 的《丹麦的风电政策调查》，Kamaal R Zaidi 的《风能及其对未来环境规划的影响》，高铭志的《欧盟推动离岸风力发电政策与法制架

---

① 刘斌，张晶晶. 关于内蒙古自治区能源项目征地补偿机制有关问题的探讨 [J]. 内蒙古师范大学学报（哲学社会科学版）. 2013（1）.
② 潘艳秋，李谣. 辉腾锡勒风电场对区域生态环境影响初探 [J]. 北方环境，2011（10）.
③ 李国庆，刘志锋，常学礼，等. 风电场对草地蒸散发影响分析 [J]. 生态科学，2016（6）.
④ 王楠. 内蒙古赤峰市风电产业开发负外部性利益补偿研究 [D]. 北京：中央民族大学经济学院，2015.
⑤ 段钢，陈玮. 试论内蒙古风能资源的综合利用 [J]. 内蒙古科技与经济，2010（5）.
⑥ 邹德钦. 内蒙古牧区风资源的生成及特征 [J]. 内蒙古科技与经济，1998（4）.

构之研究》，Joanna I. Lewis、Ryan H. Wiser 的《培育可再生产业的国际政策比较研究》，Steven Charovitz、Carolyn Fischer 的《加拿大可再生能源对 WTO 法对绿色和非绿色补贴的影响》，以及 B. 奈德尔曼的《德国〈可再生能源法〉（EEG2017）陆上风电修订内容解读》。

相较而言，研究国外可再生能源法的文献更多些，比较重要的有罗涛的《美国新能源和可再生能源立法模式》（2009），侯佳儒的《美国可再生能源立法及其启示》（2009）、《美国可再生能源立法评介》（2010），李化的《澳大利亚新能源发展：法律、政策及其启示》（2011）、《澳大利亚新能源法律与政策研究——以国际气候变化为视角》（2013），杜群、廖建凯的《德国与英国可再生能源法之比较及对我国的启示》（2011），王浩楠的《欧盟可再生能源立法发展及其对我国的启示》（2011），罗国强、叶泉、郑宇的《法国新能源法律与政策及其对中国的启示》（2011），桑东莉的《美国可再生能源立法的发展新动向》（2011），吕霞的《以可再生能源义务法令为核心的英国可再生能源法》（2012），杨泽伟的《发达国家新能源法律与政策：特点、趋势及其启示》（2012），王乾坤、周原冰、宋卫等人合著的《德国可再生能源发电政策法规体系及其启示》（2012），李梅雪的《美国可再生能源财税法律制度对我国的借鉴》（2013），高雅晶的《发达国家新能源法律政策的探究及对我国的启示》（2014），张小锋、张斌的《德国最新〈可再生能源法〉及其对我国的启示》（2014），张国昀的《德国可再生能源法案（2014）新举措及其对中国发展可再生能源的启示》（2015），吴悦旗的《德国〈可再生能源法2014〉第二次修订诠释》

(2016)。

风能属于可再生能源中的一类,关于可再生能源的相关法律研究均涉及风能的规制问题,具有重要的参考价值。总体而言,这些关于其他国家和地区的风能利用法律规定的解读及思考,均为内蒙古风能资源开发利用的法律保障机制的完善提供了重要启发与有益借鉴,是本书法制体系与具体制度构建的重要参考资料。不足在于当前国内学者的研究成果大多停留在简单介绍的层面,应加强中外法律文本的比较分析,并学习国外学者的研究视角,进一步增强立法与实施背景的实证分析。

（三）包含风能资源的气候资源开发利用与保护类的法学研究

包含风能资源的气候资源开发利用与保护类的法学研究数量相对较多,笔者仅关注与风能资源开发利用密切相关的文献。其中系统研究气候资源开发利用法学问题的主要是杨惜春等人的8篇硕士学位论文。其中,杨惜春在《完善我国气候资源保护的立法思考》中系统梳理了我国气候资源保护的相关法律规定与政策,指出了其中的不足,并提出了针对性的完善建议。王海在《我国气候资源保护立法研究》中也梳理了气候资源保护的法律规定,指出了法律制度文本的瑕疵及实践中的问题,提出了自己的制度构建。其最大的亮点是对气候资源法律属性的分析,以及在制度构建中对气候资源权属的制度设计。黄晶在《我国气候资源开发利用与立法保护探析》中,在对气候资源属性分析的基础上,提出了气候资源法律规范的学科归属问题（黄晶认为应该归属于自然资源法学或生态法学）,论证了气候资源开发利用保护的专项立法的可行性与立法原则与立法目的，提出了完善其他相关法律制度的建议。汪钰秀在《论气候资源开发利用的法律规制》中重点论证了其对气候资源属于国家所有的质疑，借鉴美国在太阳能方面的规制经验，提出了自己对我国气候资源开发利用规制制度的设想，包括了规制主体、规制内容和规制方式三大方面。陈勇在《论我国气候资源立法的几个争议问题》中也重点讨论了气候资源所有权属的争议问题，认为在法律中规定气候资源所有权没有意义。马燕在《论气候资源的法律保护》中分析了气候资源的自然属性和法律属性，提出了保护气候资源是国家的责任，并在此基础上提出了气候资源保护的五大原则，即整体保护、安全利用、公平利用、共同参与和永续利用原则。张璐在《论气候资源立法的法律逻辑》中对气候资源属性以及气候资源立法的基本法律进行了建构，认为"主要有三个方面：气候资源利用准入的合理管制与引导，消除气候资源利用过程中的外部性影响，协调气候资源利用可能引发的利益冲突"[①]。虽然限于篇幅未展开分析讨论，但其指向性非常明确，可以为后来者起到引领研究思路的作用。

在这一领域，关于气候资源所有权的争议最为激烈，笔者共搜集到包括蔡守秋、李艳芳、王灿发、曹明德、王树义、于文轩在内的20余位学者的论文，他们分别从民法、行政法、经济学、环境法等不同学科视角出发，论证了气候资源的所有权归属问题，最后结论主要有两大类。一类是认为气候资源应该归国家所有，如王树义、施志源、刘超等学者持此观点。其中，刘超在《气候资源国家

---

① 张璐.论气候资源立法的法律逻辑[J].北京理工大学学报：社会科学版，2013 (3).

所有的社会功能与权利结构》（2014）中对气候资源国家所有权的内容进行了延展性研究，认为应将保护和管理职责纳入其中。另一类则是更为务实地将气候资源归属于公共共有物，蔡守秋、曹明德、李艳芳等环境法学者多持此观点。其中，李艳芳教授在其《关于设立气候资源国家所有权的探讨》中批判了设立气候资源所有权的主张，认为气候资源所有权既不科学也不合法，主张通过强化和完善现有环境与资源法律制度的方式，对气候资源的开发利用实施有效管理与引导。

　　总体来看，关于气候资源开发利用与保护方面的文献比较多，多集中在气候资源法律属性及立法完善两大方面，其中关于立法完善的思考路径又分为保护立法、规制性立法与综合性立法三种进路，以前两种讨论为主。部分研究者关注到了气候资源开发利用中的气候资源保护问题，但对气候资源开发利用中可能引起的其他生态环境破坏并未予以关注，对气候资源利用中的气候资源保护问题的关注和探讨也有待进一步深化。

　　综上，上述三大类学术研究成果均对内蒙古风能资源开发利用的法律保障机制的研究具有一定的参考意义，尤其是国外的相关研究具体而深入，在方法运用上也比较丰富，有很大的学习参考价值。但就国内的研究情况而言，目前法学界对风能资源开发利用相关法律问题的探讨和研究尚处于起步阶段，关注的学者不多，远未形成成熟的理论体系。而且，现有研究大多都是浅尝辄止，研究的视角相对单一，缺乏对多学科知识和方法的综合运用。首先，相关理论研究有待深入。目前的相关研究主要是借用其他学科的成熟理论作为支撑，法学本身对风能资源等可再生能源开发利用问题尚缺乏理论升华和凝练。其次，研究的内容有待拓展。由于研究视角所限，目前对风能资源开发利用的相关问题的研究结论大多比较片面，忽视了事物本身的复杂性，也导致了研究范围的局限性。比如，风能资源开发利用中的环境保护问题、社会成本分摊与利益分享等问题，法学界尚缺乏应有关注。最后具体的制度设计尚不成熟，借鉴学习较多，从自身实践经验中总结不够，缺少真正符合中国实际需求的法学研究成果，有待通过大量的实证研究予以深化，增强相关的制度建构和规范设置的可操作性。

因此，在当前研究基础非常薄弱的情况下，舍弃宏大叙事的方式，结合本人的学识与研究能力，从地方的风能开发利用法制实践出发，用实证方式逐步深化我国风能资源开发利用法律保障机制的研究是较为妥当的方式。鉴于内蒙古拥有优质风能资源，其开发利用无论是在规模还是技术方面均走在全国的前列，积累了丰富的经验，发展过程中也有很多教训值得其他地方认真吸取。因此，本研究从内蒙古的风能资源开发利用法律保障机制的运作实践出发，期待用实证方式逐步推进和深化我国风能资源开发利用法律保障机制的研究。

### 三、研究方法

（一）文献研究法

在本书的写作中，一是全面收集整理了适用于内蒙古风能资源开发利用的相关法律文本，对其进行归纳分析，作为研究基础；二是尽可能全面地收集我国其他地区的地方性立法文本及国外的相关法律文件，在比较分析的基础上为本文解决方案的设计提供参考依据；三是尽可能全面地收集国内外学者对于风能资源开发利用法律保障机制的相关研究成果，通过甄别评析，努力在前人研究基础上进一步拓深对少数民族聚居地区风能资源开发利用法律保障机制的研究。总之，文献资料的收集整理与分析运用是论文写作前与写作过程中会持续用到的重要方法。

（二）跨学科研究法

风能资源，作为气候资源，涉及生态的安全问题，需要保护性开发；作为自然资源，涉及如何合理开发以尽量减少负外部性，从而以较小的环境代价发掘其最大的经济潜能；作为一种新能源，其开发利用又关涉到国家的能源战略；作为我国风能富集的少数民族聚居地区，风能资源的开发利用还涉及少数民族聚居地区的发展与少数民族群众权益保障问题。从学科领域看，风能资源的合理开发利用与保护必然涉及气象学与相关工程技术，生态环境学与相关工程技术，电力专业知识，以及经济学、政治学、管理学等相关知识与方法。同时，从法学内部的学科划分来看，少数民族聚居地区风能资源开发利用的法律保障机制研究至少需要研究者熟悉环境与资源法学、经济法学、能源法学与民族法学等学科知识。因此，风能资源开发利用法律保障机制的研究，必须在不同的内容部分分别采用或综合采用不同的学科方法，进行跨学科研究。

（三）实地调研法

内蒙古风能资源开发利用法律保障机制的研究是个实证性很强

的研究主题,由此决定了其不可能在书斋中通过认真钻研和巧妙构思就能完成,必须深入地区,通过调研和参与观察,获得法律文本在实践运行中的第一手现实资料,才能为研究的进一步展开打下坚实的基础。为此,笔者选择以内蒙古三大风电基地之一的锡林郭勒盟A旗为田野点,进行了实地调研。

A旗是内蒙古自治区中部,锡林郭勒盟中北部的一个牧业旗县,属于内蒙古十大天然牧场之一,该旗具有风电产业类型全、发展规模大的特点。同时,A旗是自治区级贫困旗,全旗7个苏木镇的71个嘎查中有15个贫困嘎查,现剩余建档立卡贫困人口234户623人,其中国家建档立卡贫困人口187户487人,盟内建档立卡贫困人口47户136人。如何通过大型风电场的建设带动区域经济发展,通过小风机的普及和升级,使得少数民族贫困人口共享能源发展成果,是A旗风能资源开发利用法律保障机制必须覆盖的重要问题。因此,考察A旗的风能资源开发利用情况是透视内蒙古风能资源开发利用法律保障机制存在的实践问题的极佳案例。

笔者于2016年暑期和2017年9月,前后两次赴内蒙古自治区调研风能资源开发利用法律保障机制的实践运行情况。第一次采取"从自治区发改委及相关部门、省级风电管理公司→锡林郭勒盟发改委及相关部门→A旗发改委及相关部门、风电企业、牧区(牧户)"这样逐层下沉的方式进行走访。第二次则直接奔赴A旗进行了深度调研。通过访谈,参与观察和调查问卷,获得了大量的第一手资料,对A旗风能资源开发利用法律保障机制所面临的实践问题以及风能资源开发利用实践中的现实法律需求等情况有了比较全面的了解和把握,为本文内蒙古风能资源开发利用法律保障机制完善方案的设计奠定了实证基础。

### 四、研究主题的界定

#### （一）风能资源的界定

人类对自然界的认识是个不断加深的过程，自然界能够提供给人类的自然资源的类型和数量也在不断变化，一些传统资源在不断减少，其他自然要素的经济价值又在不断被人类运用新技术予以发掘、提升。人力要素、技术技能等智力要素在满足人类不断增长的物质欲求中日益凸显出重要的作用，如何规范和约束人类对自然界的探索和挖掘行为，使得人类利益、人类与自然生态环境之间的利益相平衡，这正是法学研究者的目的所在。概念是思维的起点，对风能资源开发利用法律保障机制的研究首先离不开对其涉及的基本概念的挖掘和梳理，故下文特对与研究主题相关的几个重要概念进行必要的分析和界定，为本研究的展开厘定前提性概念。

1. 风能资源的概念

风是一种常见的自然现象。风能（wind energy）就是地球表面空气大量流动所产生的一种实际动能，它是太阳能多种转化形式中的一种。关于"资源"的界定，马克思和恩格斯均将其与人类劳动紧密结合在一起，认为自然界只是提供了材料，只有将其与人类劳动相结合，通过劳动改造，才能满足人类所需。[1] 可见，资源的来

---

[1] 马克思，恩格斯. 马克思恩格斯选集：第四卷 [M]. 北京：人民出版社，1995：373.

源及组成,不仅关涉自然界,还涉及人类的介入以及由此而产生的影响。能够引起人类关注并称之为"资源"的自然要素均是以其对人类的有用性为典型特征的。风能作为自然界的一种自然能量,属于自然物,而风能资源的内涵则深深烙上了人类认识因素和人类活动的印记。只有当人类认识到风的能量特性,并通过自身活动对风能进行控制和利用,使其对人类产生经济价值和利益时,风能才成为一种人类社会所依赖的资源,称之为风能资源。

从风能资源的来源形式看,风能属于自然资源中的气候资源,而从其利用类型看,因为风能主要用来为人类社会生产、生活提供机械动力、制暖和发电,为人类提供了大量的能量,所以风能资源又是一种能源资源。作为气候资源,风能的开发利用主要考虑对整体气候的影响和调节,而作为能源资源,则主要考虑如何更好地开发利用,以替代传统的不可再生的化石能源,以满足人类的能源需求,保障一国的能源安全。但无论作为气候资源还是能源资源,风能资源和其他自然资源一样均具有两重性,既是人类生存和发展的基础,又是环境要素。当前学界对于风能资源的研究,领域主导特征过于明显,这主要是因为风能资源的大量开发属于新兴事物,专业技术性强,之前的大量研究主要是由相应专业领域的技术研究者或管理者所从事的,受职业偏好和视野限制在所难免。为了更好地开发风能资源,满足当下社会的和谐与发展需要,法学研究者必须拓宽视野,还原风能资源的自然资源属性,关注其作为环境要素的开发规制,也要努力构建其作为替代能源快速发展的制度需求。

因此,本书所称的风能资源指的是基于现有的人类探测水平和法律规定而确定的某一区域能够被开发利用的风能数量与质量。这里的"能够被开发利用"既指技术上的可行性，也指法律制度上的许可与保障。

2. 风能资源的特点

风能资源开发利用的法律规制与促进机制的规则设计必须依据风能资源的特点去进行相应的构建，方能有效促进风能资源的可持续开发利用。从不同的视角看，风能资源具有不同的特点。

首先，风能作为一种新型能源，同其他能源相比，具有可再生性、蕴量巨大、无污染、分布广泛、开发利用成本低等品质优点。第一，可再生性。风能取之不尽、用之不竭，它的可再生性远远高于生物质能、海洋能、太阳能等能源。第二，蕴量巨大。风能同太阳能一样随处可见，不用担心原料枯竭问题，是相当丰富的。第三，无污染。风能是一种清洁能源，利用中不消耗化石燃料或水资源，不排放二氧化碳等污染物，不产生废渣堆放问题，更没有辐射问题，却可以安全地提供人类所需之动能。第四，分布广泛。风能分布面是相当广的，就我国而言，风能主要集中分布在东南沿海及附近岛屿，还有华北、西北、东北等地区，分布面如此广泛，为风能利用提供了良好条件。第五，开发利用成本低。从经济角度看，风力设备制作成本远远低于太阳能设备，风电建设的场地要求不高，建设成本较低，有着良好的经济效益。所以，风能优势明显，符合我国可持续发展需求，积极开展风能资源开发与利用工作，既能缓解能源危机问题，又能达到保护环境的效果，促进可持续发展。

其次，风能作为一种自然资源，也具有自然资源的共有特点，如分布的不平衡性（风能储量与质量的地域差异性较大）和规律性

（风能资源的地域分布与地势、地理位置等密切相关，因而风能资源的分布是有一定规律可循的）、有限性和无限性（风能资源就其物质性而言是有限的，然而人类认识、利用及转换风能资源的潜在能力是无限的）、多功能性（风能资源不仅为人类带来大量的能量，还是重要的农业资源，如季风带来的降雨与气温调节功能，另外，微风习习还有给人类带来舒适性享受等社会功效）和自然资源的系统性（风能作为生态系统中的一个重要自然要素，与生态系统整体具有密切的关联性，风能资源的破坏对当地生态系统会产生明显的影响）。

总而言之，作为一种重要的优质新能源，风能资源的开发利用关涉全局利益，不仅涉及局部气候资源保护和全局气候变化应对问题，更是关涉可持续发展大计。风能资源分布的不均衡性和规律性决定了不同区域风能资源开发利用的方式和成本的差异，内蒙古、新疆等风能资源丰富地区的风能资源开发利用具有明显的地域优势，应该用法律机制保障和促进其风电产业的发展，培育其优势产业地位，从而实现风能资源的经济效益和环境效益最大化。因此，风能资源开发利用法律规制必须由国家和地方分层治理，既保障国家的全局统筹能力，又要发挥地方根据自身特点进行有效治理的积极性，从而实现国家统一规制下的地方自治。风能资源的多功能性和系统性决定了其开发利用必须以对自然生态影响最小化为限，法律必须对其开发利用行为进行有效规制。另外，风能资源的有限性与无限性特点决定了利用法律制度促进风能资源开发利用技术进步的重要性。从实践层面看，风能资源的开发利用是有益于解决当前社会发展中的能源问题与环境问题的重要途径，但当前的发展中还存在粗糙开发、破坏环境和侵害当地群众合法权益的现象，亟待法律制度对其不合理的开发行为进行有效规制，为风能开发利用的健康开展提供制度保障和方向指引。

(二) 风能资源开发利用的方式

风能资源开发利用方式指的是人类运用现代信息与工业技术，将风能资源转换为人类所需的能量供应的方式与过程。风能资源开发利用的方式经历了从传统到现代的历史演变，当前，风力发电是能高效利用风能资源最普遍和最主要的形式，风电产业和风电技术的发展速度日新月异。因此，本书所研究的风能资源开发利用形式主要限定为风力发电。

风力发电的工作原理很简单，与传统的煤电相比，最大的改变就是由自然风带动风叶转动，并通过传导装置将这种动能传导至与其相连的发电机，进而带动发电机工作，向外输出电力，省去了煤炭燃烧转化为热能，再通过动力装置带动发电机工作的复杂过程，不仅更为便捷，也更环保（具体的风电工作原理如图1所示）。

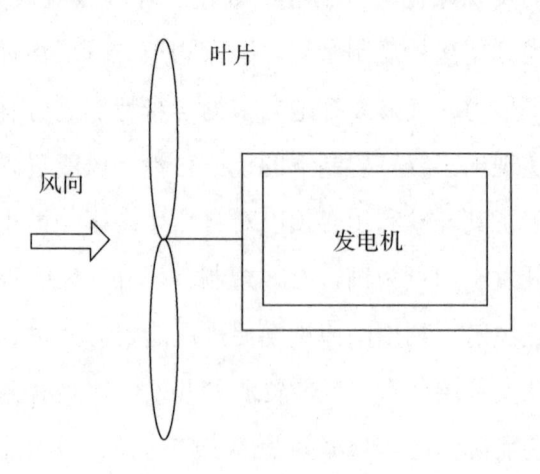

图1 风力发电原理

## （三）关于"法律机制"的界定

机制是一套结构化、有机化的规则。法律机制，即指一整套有机组合的法律规则，用以实现某一方面的社会调控目的，既包括有关的立法活动，也包括执法、司法和守法活动中的相关规则及其落实过程。

内蒙古风能资源开发利用法律保障机制可被界定为，为了保障内蒙古风能资源开发利用的有序进行，由国家层面和地方层面立法形成的、涉及风能资源开发利用的方方面面的法律规则及其实现过程。

笔者对法律机制的界定类似于弗里德曼关于法律制度的界定，即："由实体性规则及有关机构运作的规则组成。"[①] 笔者之所以选择使用"机制"而非"制度"一词，主要考虑两个方面。一方面，弗里德曼关于法律制度的界定虽然在法学界得到了普遍的认可，但在我国的语言习惯中却多指文本规则。在我国的语言习惯中，更接近弗里德曼关于法律"制度"一词的理解则是"机制"一词。另一方面，从个人喜好来说，受环境与资源法研究对象所影响，笔者对事物之间的有机联系性始终具有感性认知上的偏好。因此，本书用法律机制一词来指称规范和保障内蒙古风能资源开发利用有序进行的相关"法律制度"[②]，也突出了法律系统内部协调一致、有机配合的重要性。

---

① 〔美〕弗里德曼. 法律制度 [M]. 李琼英，译. 北京：中国政法大学出版社，1994：16.
② 指法学界目前普遍认可的、弗里德曼界定下的法律制度。

另外，由于我国目前没有制定专门的风能资源法，关于风能资源开发利用的相关制度规定则主要散见于可再生能源法及一系列行政规章规范性文件中。同时，由于风能资源开发利用实践在我国的兴起与发展短短不过二十余年，其间国际国内环境变化很大，无论是法制经验还是开发利用的实践经验依然不足，至今依然存在巨大的政策性规定调整空间。因此，本书对内蒙风能资源开发利用法律保障机制中"法律"一词，做广义理解，对其指称的范围做较为宽泛的认定，既包括狭义的由人大和政府通过法定程序制定的法律、法规和规章，也包括各种有关风能资源开发利用的规范性文件。

综上，本书所研究的内蒙古风能资源开发利用法律保障机制指的是国家层面及内蒙古地方政府层面制定的各种有关风能资源开发利用法律、法规、规章、规范性文件及其具体规则在内蒙古风能资源开发利用中的具体实现过程。

内蒙古拥有丰富的风能资源，但当地生态脆弱，经济发展类型严重受限，扶持风电产业发展，充分开发利用当地的风能资源，对内蒙古当地乃至全国都具有重要意义。内蒙古作为少数民族聚居地区，还有重要且特殊的因素需要考虑，那就是风能资源开发利用对少数民族传统生计方式的影响和对其民族文化权利的影响。以下问题都是本选题涉及的内容，包括：如何通过有效的制度规则激励技术革新以降低风能利用设备的成本，使得清洁风电能真正普及；如何通过激励扶持，使风电等清洁能源能够获得长足发展；如何进一步完善监管体制，使得各项风能资源开发利用的制度规则能有效执行；如何在鼓励与扶持风电产业发展的同时，有效平衡中央地方利益、平衡经济发展与生态环境保护、平衡风电企业与周边少数民族居民的利益，实现地区经济、社会和环境的协调发展。受条件所限，本书主要将视角限定为对地方利益的维护，尤其是对当地少数民族群众的贴身利益的重点关注。因此，本文将重点围绕内蒙古风能资源开发利用过程中地域性特征比较明显、问题比较突出的生态环保法律机制与征地补偿法律机制，对内蒙古风能资源开发利用法律保障机制做以探讨。

**五、研究思路及可能的创新与不足**

（一）研究思路

内蒙古风能资源开发利用的健康稳定发展有着怎样的现实基础？为了保障其发展，国家和地方层面分别出台了哪些法律规定？不同类型的风能资源开发利用法律规定之间存在什么样的内在关系？现有的风能资源开发利用法律保障机制是否合理？实践中存在什么问题？如何优化和完善内蒙古风能资源开发利用法律保障机制？遵循上述问题，本书的核心思路就是根据内蒙古风能资源开发利用实践，反思法律保障机制各个环节所存在的具体问题，在借鉴国外相关法制经验的基础上，提出针对性的解决方案，以期通过健全和完善法律机制，保障当地民众的合法利益，为内蒙古风能资源开发利用保驾护航，努力促进内蒙古这一少数民族自治区经济与社会的可持续发展、国家的稳定、各民族的团结和共同繁荣进步。

本研究具体是以风能资源的开发利用为主线，以利益的合理分配为视角对内蒙古风能资源开发利用法律保障机制的不足与完善路径展开讨论。行文过程中，首先对内蒙古风能资源开发利用法律保障机制的必要性与可行性进行论证，并通过立法梳理说明了内蒙古风能资源开发利用法律保障机制的立法基础。接着通过实地调研，针对内蒙古特殊的生态资源条件，重点考察和了解了在内蒙古风能资源开发利用中存在的、与当地民众切身利益紧密相关的、矛盾比较突出的典型问题，并据此反思和分析内蒙古风能资源开发利用法律保障机制未能有效发挥调控作用而导致实施效果不理想的具体原因所在。最后在考察和借鉴国外相关经验的基础上对内蒙古风能资源开发利用法律保障机制的完善提出有针对性的建议。

（二）可能存在的创新与不足

本研究的创新之处主要在于两个方面。一是研究视角的创新。本研究主要立基于民族法学的视角，围绕内蒙古这样一个少数民族聚居地区的风能资源开发利用法律保障机制展开讨论，始终关注开发利用中当地居民的生态利益与相关经济利益的法律维护，在具体的制度构建中还涉及了对少数民族群众文化权益的保护，这在之前的风能资源开发利用法律问题的研究中几乎是被完全忽略的。二是研究方法的创新。本研究属于典型的交叉性研究课题，涉及能源、生态、环境多个领域，关涉经济法、能源法、环境资源法和民族法多个学科。笔者通过跨学科研究，将风能资源开发利用法学研究的知识体系扩展到相关学科领域，打破故步自封的学科界限，形成以问题研究为中心的跨学科研究范式，创新了传统的法学研究方法。在本研究中，笔者既采用了民族法学的田野调查法，也运用了经济分析法以及法学的规范分析法，尝试着对选题内容做出了比较深入的分析和论证。

　　本研究的不足主要在于两点。一是内蒙古风能资源开发利用法律保障机制的研究，还可以包含许多其他方面的法律问题，如产业规划、产业促进等，鉴于精力所限，也为了突出内蒙古风能资源开发利用中存在紧迫需求，而目前学界尚未给予有效关注的内容，笔者仅选择了与当地群众利益关联比较密切、问题比较突出的环保法律机制和征地补偿法律机制这两个典型的具体法律问题作为研究中心，对研究主题进行了实质性限缩，这点虽然在研究主题的界定部分做出了说明，但依然可能会给大家造成挂一漏万的误导。二是由于笔者没有少数民族身份背景，参加博士研究生学习之前的学习、工作和生活中也没有接触过民族问题，没有和民族地区群众交往的经验，从学科知识储备来说，民族学、人类学、经济学以及能源相关领域的知识积淀并不深厚，加之本选题偏实证性，故本书存在理论性偏弱的缺陷，针对本书有些问题的分析和论证还有待进一步深化。另外，本书提出的相关完善措施有的只是提出了一个初步思考，有待在以后的学习和研究中继续充实完善。同时，在研究和写作中，对民族学、人类学等研究方法的运用也尚显生疏，笔者颇有邯郸学步之惑，仍有待进一步训练和提升。

# 第一章

# 内蒙古风能资源开发利用法律保障机制概述

内蒙古地处我国边疆,具有丰富的风能资源和发展风电产业的良好社会基础条件。充分发掘其风电产业的发展潜力,形成绿色支柱产业,对当地乃至全国的可持续发展都意义重大。逐步完备的风能资源开发利用法律体系为内蒙古风能资源开发利用的有序进行提供了重要的制度保障。

## 第一节 内蒙古风能资源开发利用法律保障机制的价值与现实基础

内蒙古自治区属于我国"三北"重地,与东北、华北和西北均搭界,北部与蒙古国相接,地形狭长,东高西低。总面积约118.3平方千米,占全国总面积的12.3%,仅次于新疆维吾尔自治区和西藏自治区,位居全国第三。内蒙古自治区人口约2386万人,其中少数民族占比20.8%，地域广阔但人口稀少，自治区现辖9市3盟（县）101旗（区）①。内蒙古自治区平均海拔约在1千米至1.5千米之间，地形结构比较复杂，富于多变，以高原地形为主（约占到全区总面积的一半），另外还有沙漠、火山、丘陵、盆地、熔岩台地及平原等。自治区内山脉横分地貌，构成不同的自然条件地域，被"东北—西南"走向的大兴安岭斜贯，贺兰山在西部沿南北延伸，东西走向的阴山横亘在自治区中部，把自治区分为鄂尔多斯高原、内蒙古高原、西辽河平原、嫩江西岸平原和"河套—土默川"平原。由于高原、山川与平原呈带状分布，热量和水分在地表的再分配，使自然景观和自然资源呈现不同的类型，构成了气候及景观的多样性。

  内蒙古自治区蕴藏着丰富的风能资源，具有良好的开发利用条件，具备做大、做强风电产业的基础能力。对于生态脆弱、经济发展类型受限的内蒙古大部分地区而言，风能资源的开发利用不同于传统矿产资源的开发利用，利用方式比较简单灵活，而且相对煤炭具有更多的环境效益，已经成为我国第三大电源。以法律机制保障风能资源开发利用的顺利进行是必要而可行的。

---

① 分别为呼伦贝尔市、呼和浩特市、乌兰察布市、包头市、赤峰市、乌海市、巴彦淖尔市、通辽市、鄂尔多斯市以及兴安盟、阿拉善盟和锡林郭勒盟。

## 一、内蒙古风能资源开发利用法律保障机制的价值

### (一) 平衡当地经济与社会可持续发展的现实需要

内蒙古特殊的地理与气候条件决定了其生态环境具有极度脆弱性。到 2015 年,"自治区 89 个县域中,6 个县域生态环境状况为优,仅占全区面积的 13.58%;14 个县域为良,占全区面积的 14.94%;56 个县域为一般,占全区面积 32.14%;10 个县域为较差,占全区面积的 13.44%;3 个县域为差,占全区面积的 20.90%"①。由于内蒙古自治区大部分处于干旱或半干旱的气候区域,植被稀少、生物生产力水平和生物多样性低下,戈壁、沙漠和沙地分布广泛。除了东部一些地区,大部分地区水资源贫乏,河水断流和湖泊干枯现象普遍加重,生态环境非常脆弱。随着工业化进程加快,内蒙古的气候变化非常明显,温度逐年升高(图 1-1②),进一步加剧了生态的脆弱性。

当前,内蒙古的土地承载能力正在进一步下降。首先,近些年来,由于土壤风蚀、水蚀和土壤盐渍化的影响,土壤中的有机质和营养成分下降很快,土壤退化日益明显。其次,社会经济的高速发展和人口的急剧增长,以及农牧业和工矿业的发展,使得土地负载

---

① 内蒙古自治区环境保护厅.2016 年内蒙古自治区生态环境状况公报 [EB/OL].内蒙古自治区政务服务网站,2017-06-02.
② 内蒙古自治区环境保护厅.2016 年内蒙古自治区生态环境状况公报 [EB/OL].内蒙古自治区政务服务网站,2017-06-02.

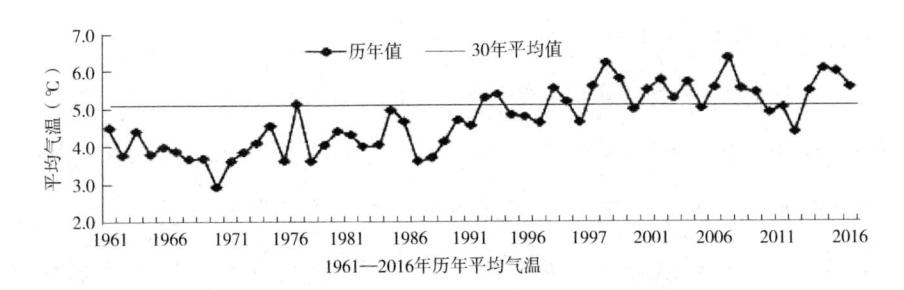

图 1-1　近年内蒙古气温变化趋势图

越来越重，耕地数量不断加大。再者，石油和煤炭等矿产资源的开发，使得大量的土地被占用、剥离，进一步加剧了土壤风蚀沙化及水土流失。到 2016 年，全区水土流失面积达 64349.18 千公顷。全区第五次荒漠化和沙化土地监测显示，全区荒漠化土地面积为 6092.04 万公顷，占全区土地总面积的 51.50%；沙化区域土地面积为 4078.79 万公顷，占全区土地总面积的 34.48%；有明显沙化趋势的土地面积为 1740 万公顷，占全区土地总面积的 14.71%。荒漠化和沙化土地遍布自治区 12 个盟市的 91 个旗县。[1] 2016 年，全区生态监测中 4 个草原样区参与评价的 77 个监测点位，植被现状良好的 20 个，占总数的 26%；轻度退化的 24 个，占总数的 31.2%；中度退化的 21 个，占总数的 27.3%；重度退化的 12 个，占总数 15.6%。草原植被平均覆盖度仅 43.6%，草群平均高度 20.1 厘米，与上年度相比，26 个点位植被状况存在下降趋势。[2] 草原整体上处在全面退化状态，这说明在自然和人为因素的共同作用

---

[1] 内蒙古自治区环境保护厅. 2016 年内蒙古自治区环境状况公报 [EB/OL]. 内蒙古自治区政务服务网站，2017-06-02.

[2] 内蒙古自治态环境保护厅. 2016 年内蒙古自治区环境状况公报 [EB/OL]. 内蒙古自治区政务服务网站，2017-06-02.

下生态环境整体恶化的危险依然存在。

从经济与社会发展现状看,近年来内蒙古自治区经济虽然保持稳定快速发展,但区域间发展不平衡,部分边远欠发达地区居民仍然比较贫困。其中,内蒙古东部地区与内蒙古西部地区的经济水平差距巨大。在内蒙古东部地区的 101 个旗县中,约有 60 个国家和自治区级贫困县,其中多为牧区、革命老区和边疆地区,74% 的贫困人口(约 150 万)分布在少数民族聚集地区。内蒙古西部地区的发展也不平衡,呼和浩特、包头、鄂尔多斯三市占全区人口的 28%、土地的 11%,却创造了全区 60% 的财政收入和 55% 的经济总量。2009 年黄河两岸的乌兰察布市和鄂尔多斯市的财政收入前者是 30 亿,后者是 365 亿。截至 2014 年,全区仍有 2 个盟市、36 个旗县的农村居民收入低于全区水平,分别占全部的 16.67% 和 48.65%,欠发达地区的贫困人口仍然数量庞大。① (具体见表 1-1)如何让这些群体共享社会发展成果是今后统筹经济发展和利益分享的重要方面。

表 1-1 内蒙古自治区贫困人口状况

| | 指标 | 内蒙古自治区 |
|---|---|---|
| 城市社会救济情况 | 城市居民最低生活保障人数(人) | 602708 |
| | 城市居民最低生活保障家庭数(户) | 364139 |
| | 城市临时救助家庭户数(人次) | 104503 |

---

① 内蒙古自治区统计区:内蒙古自治区 2016 年国民经济和社会发展统计公报 [EB/OL]. 内蒙古新闻网,2017-03-07.

续表

| | 指标 | 内蒙古自治区 |
|---|---|---|
| 农村社会救济情况 | 农村居民最低生活保障人数（人） | 1164224 |
| | 农村居民最低生活保障家庭数（户） | 907009 |
| | 农村五保救济人数（人） | 87635 |
| | 农村临时救助家庭户次数（人次） | 15 |

风能资源的开发利用可以在不消耗化石能源、占地较小和对环境输出极少污染物质的情况下产生经济效益。风电项目的落地投产中，从基础建设到项目投入运营，均会给地方政府带来财政收入，为当地创造就业机会。

以2009年的全国情况为例，"当年中国的风机产品达到了1500万千瓦的装机容量，产值总额为人民币1500亿元，为国家财政增加税费总额超过300亿元。这一行业也为直接关系风电的就业领域提供了将近15万个工作岗位。假设中国的风电行业能够在2020年实现装机容量2亿千瓦，风力发电量达到4400亿千瓦/时，若不考虑能效提升，那么它们将减少4.4亿吨的温室气体排放量，并通过减少约1.5亿吨煤炭消耗从而有效控制空气污染。与此同时，形成每年4000多亿的工业附加值，提供约50万人的就业岗位"[①]。

---

① 李俊峰，施鹏飞，高虎. 中国风电发展报告 2010 [M]. 海口：海南出版社，2010.

在与内蒙古自治区发改委能源局新能源处风电管理科某工作人员的访谈中,她对内蒙古发展风能产业带动当地就业的情况提供的数据也印证了上述结论。该工作人员说:

> 一个风机制造企业至少有上百人从事技术研发,风机生产、组装、运维等工作。除了国有设计院(笔者注——电力设计院、水电水利设计院),内蒙古现在已有民营设计院十余家,经过十年时间,仅山东设计院在内蒙古的分院就有好几百人。咨询单位——项目单位的服务单位(民营为主)共有三百余家,最小的一家也有二三十人;风电场的专职的管理公司人员、前期跑项目的人员一般也有几十到百十人;一个风电厂在一年左右的建设期内,高峰期有上千建设工人,平时一个风电场也有五六百到七八百施工工人。风电场的日常运营人员的情况是:一个风电厂二十人左右,全区共有五六百家风电厂,能消纳一万至一万二千人。[①]

另一方面,"风能的开发利用可以拉动风能产业的发展,而风能产业又涉及气象、电力、机械、材料、电子等多个行业和多种技术,具有产业链长,附加值高,对地方经济发展的拉动力强的特点。坚持市场竞争和政策引导,加快发展风电设备产业,提高风电装备自主设计、制造和配套能力,必将对提高自治区整体装备制造能力和水平、促进产业结构调整和优化升级、加快推进新型工业化

---

[①] 访谈时间:2017年9月15日,访谈地点:自治区发改委能源局新能源处风电管理科办公室。

起到积极的促进作用"①。

由于内蒙古自治区的风能资源密集区域主要集中在边缘贫困地区，风能资源的开发利用有利于促进地方基础设施建设，给这些地方的经济发展提供有利的机会，从而带动这些偏远地区的经济发展，减少地区间的贫困差距。对于风电产业对地方的经济贡献，国家发改委可再生能源研究中心的李俊峰等曾经做出以下估算。

> 一般条件下，在中国"三北地区"，每平方公里的土地，可以安装5兆瓦左右的风电装备，年发电量至少可以达到1千万千瓦/时，按照每千瓦/时上网电价0.6元计算（考虑了CDM的收益），可以形成发电收入600万元，按照5%左右的收入返回地方，可以给地方增加30万元的经济收入，相当于每公顷土地每年收益3000元，平均每亩每年收益200元，如果按风电实际占地5%计算，风电占地形成的地方收益，每年每亩可达4000多元。②

同时，风能资源开发利用近乎零污染的绿色产业属性，使得风电产业对地方经济的发展作用不仅仅是提供就业、繁荣当地经济，而是可以通过优化当地的产业机构，为当地经济发展实现绿色转型，走可持续发展之路提供可靠支撑。美国劳伦斯伯克利国家实验室研究人员在最新一期《自然·能源》发表文章，对因为风电、光伏带来的空气改善所带来的公共收益进行了量化计算。

---
① 姜宝林. 内蒙古风电产业发展现状及前景分析 [J]. 前沿, 2009 (2): 107.
② 李俊峰，施鹏飞，高虎. 中国风电发展报告 2010 [M]. 海口: 海南出版社, 2010: 50.

2007 年至 2015 年间，美国因光伏、风电的发电量减少二氧化硫排放 100 万吨、氮氧化物 60 万吨、PM2.5 5 万吨。伯克利实验室估计，相应地空气改善使得 7000 人避免了过早死亡，相当于节省了 560 亿美元的公共健康开支。此外，这期间因光伏、风电避免的二氧化碳排放相当于 320 亿美元。2015 年，美国风电的空气质量和气候平均收益相当于 7.3 美分/千瓦时，上述数字仅为全美的平均值，各地具体收益有所不同，特别是中大西洋地区的风电收益高达 14.3 美分/千瓦时，而加利福尼亚风电收益仅有 2.5 美分/千瓦时。①

通过发展风电产业，内蒙古经济发展模式正在不断绿色化。2016 年国民经济和社会发展统计显示，2016 年主要工业产品产量中风力发电量 464.2 亿千瓦时，增长 13.8%，以近 10 年的能源需求为例，可以看出明显的变化（具体见图 1-2 和 1-3）。②

因此，以法律机制保障内蒙古风能资源的有效开发利用，对于进一步优化当地现行经济结构，提高生态环境质量，实现经济与社会的可持续发展具有重要意义。

---

① Dev Millstein, Ryan Wiser, Mark Bolinger, et al. Climate and air – quality benefits of wind and solar power in the United States [J]. Nature energy, Volume. 2, Article Number. 17134（14 August 2017）.
② 根据《内蒙古自治区 2016 年国民经济和社会发展统计公报》相关数据整理，其中水电、核电和其他能发电折算标准煤系数根据当年平均火力发电煤耗算。

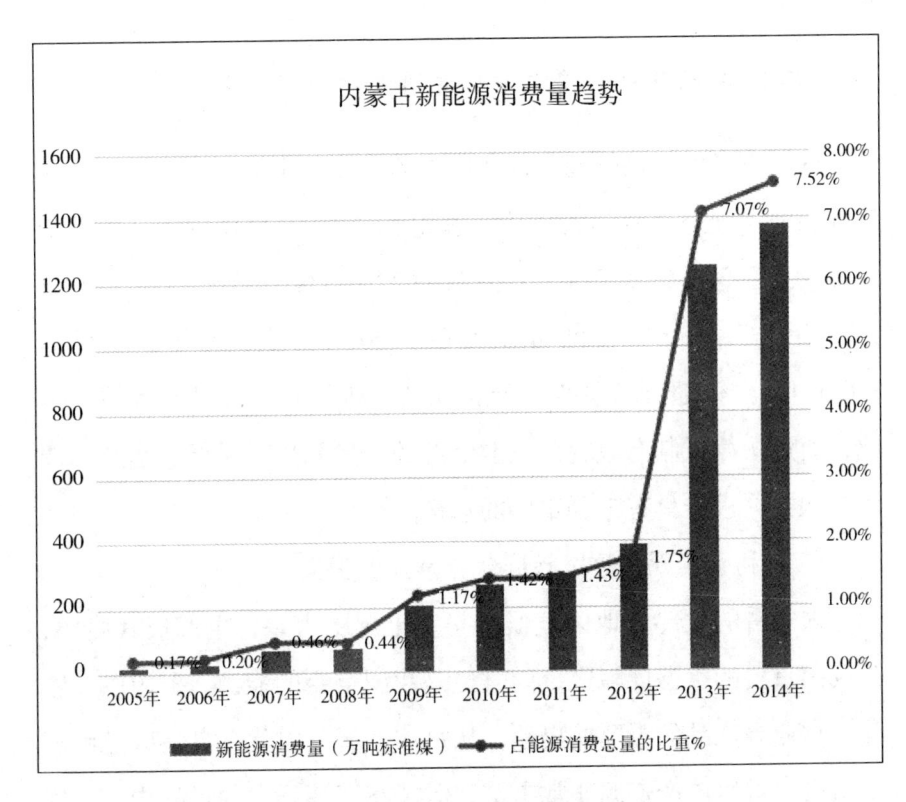

<<< 第一章 内蒙古风能资源开发利用法律保障机制概述

图1-2 内蒙古新能源消费量趋势

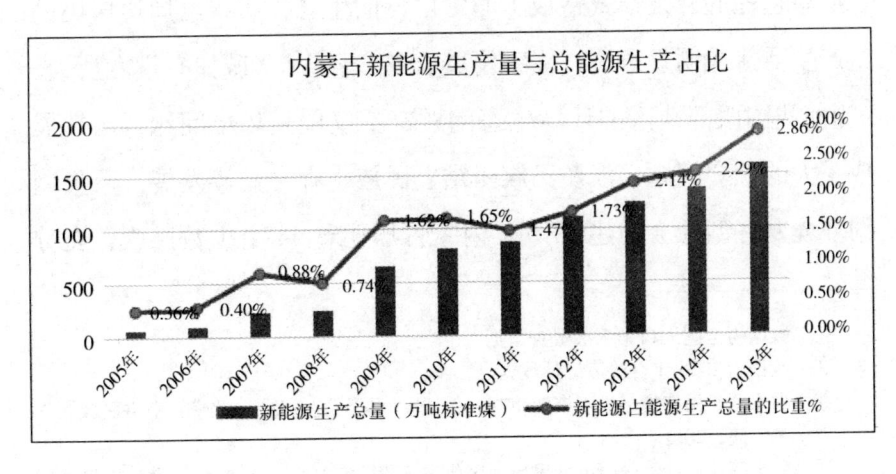

图1-3 内蒙古新能源生产量与其在能源生产总量中的占比情况

## （二）实现当地民族团结与共同进步的现实需要

内蒙古自治区地处边疆，在广袤的草原上生活着诸多民族，除汉族和蒙古族外还有达斡尔族、鄂伦春族等55个民族。其中，少数民族人口505.6万，占人口总数的20%，蒙古族人口442.6万，人口占比7.1%。① 全区常住人口2520.1万人，其中，农村为978.1万人，② 超过了总人口数的1/3，且多为少数民族人口。因此，通过法律机制有效规范风能资源的开发利用，对促进当地民族团结和共同进步具有十分重要的意义。

1. 有利于实现少数民族群众分享环境正义

内蒙古的大部分地区气候干旱，土壤肥力差，生态极其脆弱，是我国重要的生态屏障区，同时也是我国重要的能源、资源以及牧业、林业等产品的重要输出地。从总体上看，内蒙古自治区经济相对落后，虽然矿产资源非常丰富，但"在资源开发的过程中，大面积简单粗糙的开发模式造成了非常广泛的生态损害，给周边居民的生产生活造成明显影响，侵害了其合法权益"③。诚如有学者所说，"当前我国西部地区的环境生态问题，不仅仅是环境问题，已发展成重大的社会问题，涉及民族团结、民族生存、民族发展，严重制约环境友好型社会的建设"④。内蒙古居住着54个少数民族，充分

---

① 数据为全国人口第六次普查数据。
② 数据为2016年自治区统计数据。
③ 白永利. 民族地区矿产资源生态补偿法律问题研究 [D]. 北京：中央民族大学法学院，2011.
④ 张金鹏. 社会学视野下的民族地区生态环境研究 [J]. 云南民族大学学报（哲学社会科学版）. 2007 (7).

利用内蒙古极为丰富的风能资源，推动内蒙古风能产业的健康发展，从而带动内蒙古支柱产业的转移，为当地提供更多的绿色能源，可以从源头上减少污染，有助于维护和改善当地的生活生产环境，还可以提升当地少数民族同胞的生活质量，使其享受到更多的环境利益，有利于实现各地区的公民共享一片蓝天的环境正义的法价值追求。同时，通过法律手段合理规制和保障风能资源的这样一种相对清洁的可再生能源的开发利用，为当地经济的可持续发展提供可行路径，有利于子孙后代的环境利益与经济利益的实现，体现了代际在权益共享方面的公平正义。

2. 可以便利牧区的生产生活

内蒙古农牧区电网建设滞后，存在大量的无电、少电地区，给当地人民的生产、生活造成了巨大的不便，成为经济发展中的制约瓶颈。内蒙古风能资源的规模化开发利用可以为当地电网注入了活力，可以为当地的工业生产和居民生活用电提供保障。同时，通过进一步推进分布式风电的发展，用微电网解决那些交通不便、居住分散、电网无法延伸的边远农牧区用电问题，将产生极大的社会效益。在边远牧区的走访中，随处可见到风力提水（或风光互补提水）设施（具体见图1-4[①]、图1-5[②]），极为方便地解决了草场上牲畜的饮水问题。

风电对牧区生产生活的重要影响，笔者在调研中深有体会。以

---

[①] 这是较原始的纯机械动力提水的风车，工作原理就是由风力驱动风车转动，产生的机械力驱使压水机械压水至水槽，解决草场上的牲畜饮水问题。

[②] 随着地下水位越来越低，传统的纯机械型风力提水设施已经多被舍弃。目前常见的风光互补的风电提水设施。通过风机和光伏面板发电，用电力带动电水泵提水至水槽。

A旗为例，该旗共有牧户6005户，只有1502户通电网，剩余的4503户全部使用新能源（占比达到75%），大多牧户使用500瓦设备，但截至2016年12月31日，已有1070户牧民家庭使用3500～4000瓦的新能源发电设备，极大地便利了牧民的生产与生活。在笔者的走访中，大多牧户家庭中电视、冰箱、洗衣机等家用电器一应俱全。其中，牧民满都胡对新能源带来的生产生活方面的变化在牧民中比较有代表性。

图1-4 传统风力提水设施

<<< 第一章　内蒙古风能资源开发利用法律保障机制概述

**图1-5　现代风光互补提水设施**

　　牧民满都胡的家有3万多亩的大牧场，养了1000多只羊、近60只牛、近30匹马，还有3头骆驼。家里原有1000瓦新能源设备，在2015年的时候进行了设备的升级改造，现在拥有4000瓦的风光互补设备，用于牧业生产和生活。满都胡正在信心满满地筹划进一步扩大自己的牧业生产。可以看出，新能源电力为这位瘦高的蒙古族男子带来了扩大自己牧业生产规模的底气。在谈话间，满都胡的父亲也凑过来，老人家笑呵呵地说："这个（新能源设备）好！有了它，日子越来越好过了！以前要赶在日头前就出门干活，摸着黑进门睡觉，哪像现在，挤奶都用电动挤奶机，以前要忙活半天的事现在只要半个小时就用完了。没事干就可以看电视，想我在城里上学的孙女了，还可以和她在电脑上视频聊天。夏天日子也好过了，你瞧，我们家有冰箱，有风扇，再热了，还可以开空调，老伴做饭，再也不用大热天生炉子了。"①

### 3. 有利于少数民族文化的保存与传承

一方面，风电属于绿色能源产业，可以更好地协调当地生态环境保护与经济发展之间的矛盾，与蒙古族极为重视生态与环境保护的习惯法文化传统具有较好的融合性。保护好当地的生态环境，等于间接为当地的传统牧业生产的可持续性提供了更多的可能性，这样就可以避免当地的少数民族同胞因生态环境恶化和生计影响而背井离乡，被迫性地逐渐失去自己的民族文化根基，自然有利于蒙古族牧业文化的保存与传承。

另一方面，由于风电场多建设在偏远的少数民族人口聚居区，通过建设风电场，输出风电，当其逐步发展成为当地的优势产业之后，就能在提高地区财政收入的同时，也为当地居民带来大量的就业机会，这对提高居民收入、减少贫富不均有一定助益。风电互补设备在牧区的普及，更是大大便利了牧业生产与生活。生产效率的提高和生活水平的改善，可以为文化活动提供更多的闲暇和物质基础，也有利于民族文化的保存与传承。

总之，随着生活环境的改善和生产生活水平的提高，当地民族传统文化的传承与发展也因此拥有了较好的基础条件，这些都有利于落实民族平等的宪法原则，从而更有利于实现民族团结与共同进步。

---

① 访谈时间：2017 年 9 月 17 日，地点：A 旗满都胡家里。

## （三）是实现国家能源结构转型的现实需要

当前，世界各国应对气候变化的任务日益紧迫，而大量化石能源的燃烧所释放的二氧化碳为代表的温室气体正是导致气候变化的最大诱因。气候变化不仅对农、林、牧业等经济活动产生不利影响，而且会加剧疾病传播，危害公共健康。中国的节能减排也是迫在眉睫，亚洲开发银行等机构的环保专家2013年1月发布的数据称："中国最大的500个城市，只有1%达到了世界卫生组织推荐的空气质量标准；世界上污染最严重的10个城市，有7个在中国。"[①] 2012年12月，《柳叶刀》发表报告显示："2010年中国室外空气污染导致了120万人过早死亡，几乎占全球此类死亡总数的40%。空气污染在中国成为导致死亡的第四大危险因素，仅次于饮食风险、高血压和吸烟。"[②]

中国是一个富煤少油并且少气的国家，传统的发电产业过度依赖于煤炭，而煤炭的大量开发和利用，是造成环境污染和气候变化的主要原因之一。因此，电力作为公用事业之一，在电气化的当代社会，为了满足社会日益增长的需求，必然要求国家采取措施鼓励清洁电力的生产，以尽快转变以化石能源为主的能源结构。风电因其较低的环境代价和良好的减排效益而在能源结构转型中扮演着十分重要的角色。风力发电直观的二氧化碳减排效益见表1-2。

---

[①] 马清平.人类之殇[M].北京：中国环境出版社，2015：2-3.
[②] 马清平.人类之殇[M].北京：中国环境出版社，2015：2-3.

表 1-2　2013—2050 年新增和累计二氧化碳减排量①

| | | 2013 | 2015 | 2020 | 2030 | 2040 | 2050 |
|---|---|---|---|---|---|---|---|
| 新政策情景 | 年 $CO_2$ 减排量 | 428 | 521 | 941 | 1987 | 3237 | 4525 |
| | 累计 $CO_2$ 减排量 | 2112 | 3105 | 7247 | 21223 | 48137 | 87610 |
| 450情景 | 年 $CO_2$ 减排量 | 428 | 521 | 968 | 2293 | 3877 | 5591 |
| | 累计 $CO_2$ 减排量 | 2112 | 3105 | 7279 | 22730 | 54687 | 102639 |
| 稳健情景 | 年 $CO_2$ 减排量 | 428 | 521 | 1173 | 2642 | 4364 | 6282 |
| | 累计 $CO_2$ 减排量 | 2112 | 3105 | 7850 | 26393 | 61770 | 116043 |
| 超前情景 | 年 $CO_2$ 减排量 | 428 | 521 | 1294 | 3327 | 5867 | 9155 |
| | 累计 $CO_2$ 减排量 | 2112 | 3105 | 8153 | 30702 | 76953 | 153634 |

内蒙古拥有全国陆上风能资源一半以上的资源储量，且当前的风电装机容量也已经遥遥领先于国内其他地区，是名副其实的风电大区。因此，以法律机制保障内蒙古风能资源开发利用的健康发展，对于发展绿色电力以降低二氧化碳排放，优化国家的能源结构具有重要意义。

**二、内蒙古风能资源开发利用法律保障机制的现实基础**

以法律机制保障内蒙古的风能资源开发利用具有重要的现实价值与意义，与此同时，内蒙古也具备开发利用风能资源的优良条件，以法律机制保障内蒙古风能资源开发利用的良性发展也具有现实可行性。

---

① 资料来源：GWEC《2016 年全球风电发展展望报告》。

### (一) 内蒙古拥有良好的风能资源条件和优越的建设条件

内蒙古所处纬度较高，呈现出坦荡而辽阔的高原风貌，且全区正处于全球环流盛行西风带中，形成了极为丰富的风能资源。"全区70米高空风能资源总储量为16.3亿千瓦，技术可开发量14.6亿千瓦，占全国陆上同类风能资源的56.2%。"[1] 内蒙古的风能资源储量自东向西逐渐增大，其中，风能资源丰富区占全区面积的70%，Ⅱ类区占全区面积的17%，Ⅲ类区约占全区面积的56%。一般而言，风电项目投资成本高是制约其发展的一大要素，由于内蒙古风能资源丰富地区地势普遍较高，地形平坦而开阔，主要的土地类型为草原和荒漠地带，植被低矮且稀疏，为风电场建设提供了较为有利的施工环境，[2]，可以在很大程度上降低建设成本，提高风电项目的收益。

### (二) 内蒙古具有良好的电力输送网络

内蒙古电力输送网络具有其独特的结构，即一省两网（蒙东电网和蒙西电网）。目前，蒙西电网、蒙东电网接纳可再生能源装机占总装机的比例在40%左右，而且积累了丰富的运行经验，特别是蒙西电网通过建立风电调度系统，采取有效的技术和管理措施，不断提高风电上网调度能力。在2013年3—4月风电上网电量达20%

---

[1] 国家可再生能源中心.中国可再生能源产业发展报告·2016 [M].北京：中国经济出版社，2016：16-17.
[2] 邹德钦.内蒙古牧区风资源的生成及特征 [J].内蒙古科技与经济.1998 (4).

以上，并确保电网安全运行，这种大规模、高比例接纳风电等可再生能源电力的能力，在全国省级电网中处于领先水平。从电力外送条件看，内蒙古紧临华北、东北和西北三大电网，与能源消费中心的京津唐及东北、华东、华中地区较近，输电距离具有经济性，发展风电区位优势明显。内蒙古已经开通多条电力外送通道，具备良好的电力输送条件，其中蒙西电网外送通道主要有4条，蒙东电网外送通道主要有15条，在建的还有特高压"三交三直"（具体见表1-3）。

表1-3 内蒙古风电外送的特高压建设情况[①]

| 至2020年建成特高压通道 | 途径 | 容量（万千瓦时） | 建成时间 |
| --- | --- | --- | --- |
| 扎特鲁至山东青州 | 途经内蒙古、河北、天津、山东 | 800 | 2017.12.31 |
| 蒙西至天津南 | 途经内蒙古、山西、河北、天津 | 600 | 2016.11.24 |
| 锡林郭勒盟至江苏 | 途经内蒙古、河北、天津、山东、江苏 | 1000 | 2017.6.11 |
| 上海庙至山东 | 内蒙古、陕西、山西、河北、河南、山东 | 1000 | 2017.12.25 |
| 锡林郭勒盟至山东 | 内蒙古、河北、天津和山东 | 1000 | 2016.7.31 |

---

① 根据国家能源局和中电联等官方公开资料整理。

（三）内蒙古具有良好的技术与设备优势

当前，为保障风电安全并网，在电站侧，自治区已建的风电场全部通过技改安装了风功率预测系统、无功补偿装置和低压穿越等设备，有效克服了风电间歇性出力的弊端，基本实现了可再生能源电网友好型发展和电网的安全稳定运行。另外，内蒙古发展风电产生，还具备设备制造业优势。在内蒙古风电持续开发建设的带动下，其延伸的风电设备制造业已经形成较为客观的生产能力。目前，内蒙古已经吸纳风机翘楚企业十余家，在风电机组整机产业快速发展的带动下，内蒙古风电零部件制造业日益壮大，生产供应体系逐步完善，目前已形成了涵盖叶片、齿轮箱、塔筒、机舱、发电机等主要风电设备零部件的生产体系。同时，风能产业的发展也带动了一大批的技术研发基地的建立和专业人才的培养，为内蒙古风能资源开发利用的产业发展开辟了一条"科研加产业"的优势、高效之路。

## 第二节　内蒙古风能资源开发利用的立法历程

2005年，《京都议定书》开始生效，紧随其后，我国即颁布了可再生能源法，由此，我国风能资源开发利用迅速展开，有关内蒙古风能资源开发利用的立法开始体系化。经过几年的快速发展，到2011年前后，在风电装机容量急速增加而电网配套和社会消纳能力尚未得到同步跟进的情况下，开始出现大量的弃风限电现象，风能资源开发利用问题日益复杂。因此，在政策导向方面，风电市场化发展趋势日益明显，国家层面的相关政策开始转向，有关内蒙古风能资源开发利用的相关立法日益成熟。

以上述两个节点为分界线，可将内蒙古风能资源开发利用的立法进程大致分为三个时期，分别为2005年可再生能源法出台之前，以风电产业政策为主导的风能资源开发利用初步立法时期；2005年可再生能源法出台至2010年，风能资源开发利用立法逐步体系化时期；2011年至今，风能资源开发利用立法日益成熟期。

## 一、风能资源开发利用立法初步发展时期（2005年之前）

1990年以前，有关风能资源开发利用的相关法律规定主要零星出现在推进农村能源建设的相关法律与政策文本之中，风能资源开发利用的方式也主要是农村小型风机的示范推进。1992年能源部出台了《电力行业劳动就业服务业管理办法》，鼓励集资开办风力发电站，① 之后，风电场的建设开始推进。1994年7月26日原电力工业部颁发了《风力发电场并网运管理规定（试行）》，2016年1月1日中华人民共和国国家发展和改革委员会令（第31号）决定废止。这是关于风电开发利用的第一部专项法律文件，对风电场规划建设和运营中的行政监管体制、电网与风电企业的相关义务，以及上网电价和风电的保障性收购做出了规定。之后，有一系列政策

---

① 《电力行业劳动就业服务业管理办法》第十三条规定：按照多家办电的精神，有条件的可集资办风力发电站。

性法律文件对风电开发进行规范。1999年12月印发了《关于进一步促进风力发电发展的若干意见的通知》，明确了行政主管部门的协调与监管职责，确定了风电就近上网的权利。2000年2月12日发布了《关于加快风力发电技术装备国产化的指导意见》，明确了支持风力发电技术装备国产化的有关政策。同年8月23日公布的《2000—2015年新能源和可再生能源产业发展规划要点》，指出了风能等可再生能源产业发展目标、产业化体系建设、预期效益分析、制约因素与存在的问题。国家经贸委2000年12月28日发布的《"国债风电"项目实施方案》对内蒙古赤峰供电公司3万千瓦装机的建设情况进行了具体规定。

这一时期的风能资源开发利用立法呈现出以下三个特点：第一，有关风能资源开发利用的专门立法逐渐出现，关注面不断扩大，不仅涉及对风电场建设方面的规定，还出台优惠政策对风电设备的国产化进行了指引性规范；第二，这一时期有关风能资源开发利用的法律文本以产业政策为主要载体，主要内容在于为风能资源的开发利用提供明确的导向；第三，具体的条文设置日益精细。

**二、风能资源开发利用立法体系化初步形成期（2005年至2010年）**

2005年2月28日，《中华人民共和国可再生能源法》正式公布，2006年1月1日开始正式施行，这意味着我国风能等可再生能源的开发利用立法开始正式进入快速发展轨道。由于该法的立法方式是一种框架性立法，内容仅涉及我国可再生能源发展中的基本要求，需要配套立法的跟进予以落实。因此，相关部委随之展开了配套衔接制度的制定工作，2006年出台了《可再生能源发电有关管理规定》《可再生能源发电价格和费用分摊管理试行办法》《可再生能源发展专项资金暂行办法》，使得可再生内能源发展的保障机制进一步健全。关于并网问题，2006年电力监管委员会发布的《并网发电厂辅助服务管理暂行办法》中规定，并网发电厂所提供的包括自动发电控制（AGC）等辅助服务应予以补偿，但并无具体细则，难以调动发电厂参与调峰的积极性，成为制约扩大风电并网发电比例的主要因素之一。同年10月26日又通过了《电力并网互联争议处理规定》，明确了风电等可再生能源电力并网争议的处理途径。2007年发改委发布施行的《可再生能源电价附加收入调配暂行办法》，对可再生能源电价附加的调配办法做出了详尽规定。同年还出台了《电网企业全额收购可再生能源电量监管办法》，使得可再生能源发电的限制上网问题得到了一定程度的解决。2008年的《风力发电设备产业化专项资金管理暂行办法》和2009年的《关于完善风力发电上网电价政策的通知》，进一步从企业的收益保障方面完善了可再生能源发展的促进机制。

另外，风电场建设的管理规范也逐步完善。2005年，国家发改委发布了《关于风电建设管理有关要求的通知》和《风电场工程前期工作管理办法》，对地方风电建设提出了诸多具体要求，完善了风电场前期工作的相关管理规定。同年8月9日，国家发改委会同国土资源部和环境保护部发布的《风电场工程建设用地和环境保护管理暂行办法》，对风电工程建设用地的使用原则和审批手续，以及环境影响评价制度在风电工程建设中的落实进行了规定，使投资商在核算土地成本时有据可依，一定程度上降低了风电场预算的不确定性和投资的盲目性。同时也通过点征制度减轻了开发商的征地成本，向风电市场发出了一个积极的信号，进一步支持了风电产业的发展。但是该办法对风电场建设中的环境保护问题仅进行了概括规定，缺少具有实践操作性的具体规范。2008年中华人民共和国环境保护部发布的《建设项目环境影响评价分类管理名录》中，对前述办法进行了部分落实，明确规定了风电项目所涉及的生态敏感区范围，要求涉及环境敏感区的总装机容量5万千瓦及以上的风力发电项目需编制建设项目环境影响报告书，其他风力发电需编制环境影响报告表。

这一时期，国家层面的风能资源开发利用相关产业政策也随之跟进。2005年国家发改委印发了《可再生能源产业发展指导目录》，用以引导风能等可再生能源技术研发、项目示范和投资建设活动。2006年国家发改委和国家财政部联合发布了《促进风电产业发展实施意见》，对风能资源开发利用的发展方向与发展原则等内容做出了具体规定。2007年国家发改委发布了《关于印发〈可再生能源中长期发展规划〉的通知》，指出了风能等可再生能源发展中存在的问题，明确了发展目标与保障措施等内容。2008年发改委印发了《可再生能源发展"十一五"规划》，不仅对风电发展目标做了更为细化的规定，还对风电技术装备和产业发展做了规划。同年，中央政府宣布风能运行项目企业所得税前三年全免，之后三年免除50%；除此之外，风电还享受50%增值税退税政策。2010年《国务院关于加快培育和发展战略性新兴产业的决定》中提出，要提高风电技术装备水平，有序推进风电规模化发展，加快适应新能源发展的智能电网及运行。同年，国务院发布的《国务院关于鼓励和引导民间投资健康发展的若干意见》，明确鼓励民间资本参与风能等新能源产业建设。

这一时期，内蒙古风能资源开发利用项目已经快速发展起来，地方政府对此也极为重视。2005 年，根据《政府核准的投资项目目录》，结合本区情况，出台了《内蒙自治区政府核准的投资项目目录》（2005），根据简政放权的要求下放了电网建设的区内审批权限。2006 年，根据《中华人民共和国可再生能源法》，内蒙古自治区政府出台了《内蒙古自治区风能资源开发利用管理办法》，该办法对促进内蒙古风能资源开发利用发挥了重大作用，随着风能资源开发利用的产业推进，新的问题不断出现，风能资源开发利用工作重心已然发生转变，所以该办法现已废止。2009 年，内蒙古自治区发改委公布了《内蒙古自治区风电项目管理办法（试行）》，对风电项目建设中的测风管理、规划管理、资源配置、项目核准程序及文件要求、项目的追踪管理五个方面做出了详细规定。

总体来看，这一阶段有关环境保护、能源安全，特别是应对气候变化等要素已经渗透到风能资源开发利用的立法中，国家层面有关风能资源开发利用的立法工作已经步入快速发展阶段。以可再生能源法为核心，以相关配套规定和地方规范为着力点，风能资源开发利用的法律体系已经逐步形成。内蒙古自治区的地方立法基本能够与国家层面保持同步，但立法数量和质量尚有待提升。

## 三、风能资源开发利用立法体系逐步成熟期（2011 年至今）

经过连续多年爆发式发展，2011 年开始，风电消纳难题日益凸显，以内蒙古为代表的风电大省出现明显的弃风限电现象。为此，风能资源开发利用的监管方式开始发生转变。在宏观层面，政府进一步通过规划、制定总量目标等方式对风能资源开发利用加强了宏观调控，力推分布式风电项目的开展。2011年国家能源局发布的《风电发展"十二五"规划》、内蒙古自治区发布的《内蒙古"十二五"风电发展及接入电网规划》都体现出了这种宏观调控的努力，且同年发布的《中国风电发展路线图2050》[国家发改委能源研究所和国际能源署（IEA）]更是明确设立了中国风电未来40年的发展目标，并于2014年发布了更新版。2014年修订的《中华人民共和国环境保护法》和2015年修订《中华人民共和国大气污染防治法》都规定了国家继续鼓励和支持可再生能源生产和使用，但宏观层面的调控仍然在不断加强。2015年《国家能源局关于进一步完善风电年度开发方案管理工作的通知》，进一步细化了年度开发方案的管理规则。2016年3月17日国家能源局发布《关于下达2016年全国风电开发建设方案的通知》，明确限定了年度开发规模。同年6月，由国家发展改革委、国家能源局下发的《能源技术革命创新行动计划（2016—2030年）》中明确提出研究风电机组和风电场综合智能化传感技术、风电大数据收集及分析技术以及研究基于物联网、云计算和大数据综合应用的陆上不同类型风电场智能化运维关键技术等方面关键技术。7月，国家能源局发布《关于建立监测预警机制促进风电产业持续健康发展的通知》，风电投资监测预警机制正式启动。年底，国家能源局发布了《可再生能源发展"十三五"规划》和《风电发展"十三五"规划》。2017年5月，《内蒙古自治区可再生能源发展"十三五"规划》出台，对自治区风电产业发展及配套电网建设进行了明确的规划。在这一过程中，国家对风电领域的科研创新的研究导向亦有关注。同年8月3日，国家能源局又发布了《关于可再生能源发展"十三五"规划实施的指导意见》对全国风电产业的统筹发展进行了合理规划。

  关于分布式风电项目方面，2013年，国家发改委发布了《分布式发电管理暂行办法》，着力推进分布式发电产业的发展，以缓解电网运行压力，引领了可再生能源发展的新方向。2015年，《国家能源局关于印发"十二五"第五批风电项目核准计划的通知》中规定，分散式接入风电项目由各省（区、市）严格按照分散式接入风电的技术标准自行核准建设，不再纳入核准计划下发，建成后按有关规定纳入国家补贴目录。同年，《关于风力发电增值税政策的通知》，进一步助力分布式风电的发展，并对风机制造厂商产生了极大的鼓舞。2017年5月27日，国家能源局又公布了《关于加快推进分散式接入风电项目建设有关要求的通知》；7月24日，国家发改委、能源局出台了《推进并网型微电网建设试行办法》，进一步力推风电等可再生能源的分布式发展；8月24日，内蒙古自治区发展和改革委员会《关于组织上报"十三五"分散式接入风电项目的通知》，对自治区内分散式接入风电项目的条件和上报的有关要求做出了具体明确的规定。

  在微观层面，风电项目管理的具体措施日益完善。2011年，国家能源局发布了《风电开发建设管理暂行办法》，在风电建设前期监管规则的基础上，对建设运营的整个过程做了延伸规定，很好地解决了风电项目建设的监管依据问题。2012年，内蒙古自治区发布了《内蒙古自治区风能资源开发利用管理办法实施细则》，主要是依据《风电开发建设管理暂行办法》对《内蒙古风能资源开发利用管理办法》进行了细化，并针对当地特点，在具体机制上尝试着做出一定程度的创新。另外，该实施细则对分布式风电的规划管理也做出了较为全面的规定。2014年，《内蒙古自治区政府核准的投资项目目录（2014）》，最明显的变化就是风电项目核准权的首次下放，但是关于电网的核准与2005年的规定保持一致。2015年1月14日，锡林郭勒盟借助国家能源基地与特高压通道建设契机，出台了《锡林郭勒盟煤电基地特高压外送通道送出风光资源配置暂行办法》，对风光项目开发建设的原则、业主资格条件和项目业主的社会责任等进行了明确规定。同年出台的《内蒙古自治区气候资源开发利用和保护办法》，对风能等气候资源的开发、利用与保护规则进行了概括性规定，内容规定非常有原则性，对风能资源开发利用的具体实践不具有很强的指导性。依据2015年出台的《国家能源局关于取消第二批风电项目核准及未核准项目有关要求的通知》和《国家能源局关于取消新建机组进入商业运营审批有关事项的通知》，2016年，自治区发改委公布了《内蒙古自治区发展和改革委员会关于内蒙古自治区进一步加强风电管理工作的通知》，根据自治区风电发展现状，针对风电产业中的突出问题，对自治区风电建设的核准工作、建设管理以及风电补贴等做出了更为细致严苛的规定。2017年2月23日，内蒙古自治区发展和改革委员会《关于进一步加强我区可再生能源开发建设管理的通知》，对可再生能源的本地消纳、电力通道配置可再生能源和新能源项目管理问题进行了指导性规定；5月10日，内蒙古自治区人民政府《关于偏远农牧区用电升级工程的实施意见》对偏远农牧区用电工程升级改造的实施原则和保障措施做出了明确规定，该规定的落实，有力推动了这些农牧区区民众的用电维护。《内蒙古自治区政府核准的投资项目目录（2017）》中明确规定风电站由盟行政公署、市人民政府投资主管部门在国家依据总量控制制定的建设规划及自治区分解下达的年度开发指导规模内核准。

另外，此阶段关于风电项目建设中的环保问题的具体规制，也有系列法律规范陆续出台。2016年9月1日起实施的《中华人民共和国环境影响评价法》（修订版）对风电项目建设中的环境保护问题有重要规制作用。2017年9月1日实施的《建设项目环境影响评价分类管理名录》对风电项目所涉及的生态敏感区的范围进行了扩充；10月1日起实施的《建设项目环境保护管理条例》（修订版），进一步严格了建设项目的环保要求；11月6日，国家发展和改革委员会主任办公会讨论通过，发布了《工程咨询行业管理办法》（2017年第9号令），实行咨询成果质量终身负责制。2018年1月12日，国家林业局《国家林业局关于进一步加强国家级森林公园管理的通知》（林场发〔2018〕4号），原则上禁止在国家级森林公园建设风电项目。

为积极应对风电消纳问题，内蒙古一方面着力建立市场交易机制，另一方面努力扩展其他消纳渠道。在市场培育方面，2013年，内蒙古自治区发布了《内蒙古自治区人民政府关于发挥电力优势促进工业经济持续健康发展的意见》，布局了蒙西电网的可再生能源保障性收购试点工作，力促风电就地消纳和电力直接交易。2014年，国家能源局印发《关于积极推进跨省跨区电力辅助服务补偿机制建设工作的通知》（国能综监管〔2014〕456号），将跨省跨区交易电量纳入电力辅助服务补偿机制范畴。2015年5月5日,《国家发展改革委关于完善跨省跨区电能交易价格形成机制有关问题的通知》,对跨省跨区市场交易原则、交易主体的确定方式、监管主体等进行了明确。2016年3月3日,国家能源局发布了《国家能源局关于建立可再生能源开发利用目标引导制度的指导意见》,标志着我国可再生能源领域市场化转型的正式开始;6月,国家能源局就发布《关于促进电储能参与"三北"地区电力辅助服务补偿(市场)机制试点工作的通知》,明确了电储能充放电价格机制以及参与辅助服务的门槛;7月22日,国家发改委、国家能源局制定并发布了《可再生能源调峰机组优先发电试行办法》;12月29日,国家发展改革委、国家能源局共同发布了《电力中长期交易基本规则(暂行)》,对中长电力交易市场运行规则进行了规范。2017年1月,国家发展改革委、财政部、国家能源局《关于试行可再生能源绿色电力证书核发及自愿认购交易制度的通知》,并于6月出台了《绿色电力证书自愿认购交易实施细则(试行)》,对绿证制度做出了明确规定;3月,国家发展改革委、国家能源局公布《关于有序放开发用电计划的通知》;4月,国家能源局东北监管局、内蒙古自治区经济和信息化委员会、内蒙古自治区发展和改革委员会联合制定了《内蒙古东部地区风电交易规则(试行)》;8月,国家发改委出台《关于全面推进跨省跨区和区域电网输电价格改革工作的通知》(发改办价格〔2017〕1407号);9月,国家发展改革委、工业和信息化部财政部、住房城乡建设部、国务院国资委、国家能源局联合制定了《电力需求侧改革办法》。上述系列规定为风电等可再生能源电力的市场化交易扫清了部分障碍,初步确立了相应的市

59

场交易规则；11月15日，国家能源局出台的《完善电力辅助服务补偿（市场）机制工作方案》，旨在通过激发辅助服务提供者的积极性，进一步理顺风电等清洁电力的市场供应基础；12月29日，国家发改委印发《区域电网输电价格定价办法（试行）》《跨省跨区专项工程输电价格定价办法（试行）》和《关于制定地方电网和增量配电网配电价格的指导意见》，旨在打破区域壁垒，推动输配电价"跨区域"定价，为风电等清洁电力拓宽消纳市场。

关于新能源电力消纳渠道方面的规定也有很多。2015年，《中共中央国务院关于加快推进生态文明建设的意见》，国家鼓励发展新的消纳途径，促进上网电量就地消纳；4月7日，国家能源局发布《关于做好2015年度风电并网消纳有关工作的通知》，要求确保新能源电力优先上网和全额收购；6月15日，国家能源局综合司下发《关于开展风电清洁供暖工作的通知》，提出蒙西等地区酌情安排新建项目参与风电清洁供暖。2016年2月5日，国家能源局发布了《国家能源局关于做好"三北"地区可再生能源消纳工作的通知》，要求各地通过多途径提升风电等新能源电力的消纳能力。2017年11月8日，国家发展改革委、国家能源局组织制定了《解决弃水弃风弃光问题实施方案》，说明在电力供应整体宽松的情况下，风能等新能源的消纳困境依然存在；12月4日，国家能源局发布了《关于做好2017—2018年采暖季清洁供暖工作的通知》，旨在通过替代燃煤，扩大对风电等新能源的消纳。可能在今后相当长的一段时间，新能源消纳问题始终是政策与立法的重点关注事项。

另外，由于我国当前的节能减排压力巨大，而风能等新能源富集区又主要集中在"三北"等少数民族贫困地区，这些地方风电产业发展对当地的经济与社会发展、民族关系的和谐促进具有重要意义，因此，风能资源的开发利用依然需要适当的产业激励措施用以促进其合理的发展。为此，2011年，财政部、发改委、能源局三个国家部委联合出台《可再生能源发展基金征收使用管理暂行办法》，对可再生能源发展基金的种类，筹措渠道、筹措方式，使用范围、使用方式等进行了明确规定。同年，财政部、国家能源局、农业部发布了《绿色能源示范县建设补助资金管理暂行办法》，在其有效的四年中，对筹措与保障绿色能源县的建设资金来源及规范其使用发挥了很大的作用。2012年财政部、发改委、能源局三个国家部委又联合出台的《可再生能源电价附加补助资金管理暂行办法》，对可再生能源发展基金中的电价附加收入部分的资金使用方式进行具体规定。同年10月19日，国家能源局发布了《关于做好农网改造升级和无电地区电力建设工作有关要求的通知》，至2016年被废止，在其有效期内较为有力地推动了基层的电力供应保障工作。2015年，财政部出台的《可再生能源发展专项资金管理暂行办法》（财建〔2015〕87号），相比2006版暂行办法，明确了国务院和各级财政的具体职责，对资金的使用范围根据新时代特点进行了调整。年底，发改委发布《关于完善陆上风电、光伏发电上网标杆电价政策的通知》，对陆上风电前三类资源区2016年和2018年上网标杆电价做出电价分别下调2分钱和3分钱的调整，四类资源区分别降低1分钱、2分钱。2016年，发改委发布了《可再生能源发电全额保障性收购管理办法》。同年，《国家发展改革委、国家能源局关于做好风电、光伏发电全额保障性收购管理工作的通知》对前述办法进一步细化了执行措施。2017年5月10日，内蒙古自治区人民政府《关于偏远农牧区用电升级工程的实施意见》，对自治区偏远农牧区用电升级工程的实施原则、建设任务、资金需求及进度安排和保障措施进行了详细规定。所以，这一阶段的产业促进法律机制也依然在不断的调整中继续完善。

总体看，这一时期宏观层面的风能资源开发利用专项立法很少，但具体的政策性执行规定数量庞大，且涉及到风电建设、运营到电力输送、交易、消纳各个环节，初步形成了内蒙古风能资源开发利用法律体系。

## 第三节 现行内蒙古风能资源开发利用法律体系

截至2018年1月底，以可再生能源法为核心，以专项配套立法为辅助，以各种具体的执行性政策规定为依托的内蒙古风能资源开利用的法律体系已经基本建成，为内蒙古风能资源开发利用的有序开展提供了有力保障，是内蒙古风能资源开发利用能够取得长足发展的重要的制度保障。

### 一、风能资源开发利用的综合性规范

规范内蒙古风能资源开发利用的综合性制度规范主要包括1部法律、7部国务院部委规范性文件、1部地方政府规章和2部地方政府工作部门的规范性文件。具体为：《中华人民共和国可再生能

源法》；国家发改委《可再生能源产业发展指导目录》（发改能源〔2005〕2517）、《可再生能源发电有关管理规定》（发改能源〔2006〕13号）、《分布式发电管理暂行办法》（发改能源〔2013〕1381号）、《推进并网型微电网建设试行办法》（发改能源〔2017〕1339号）；国家能源局《关于实行可再生能源发电项目信息化管理的通知》（国能新能〔2015〕358号）、《国家能源局关于建立监测预警机制促进风电产业持续健康发展的通知》（国能新能〔2016〕196号）、《关于加快推进分散式接入风电项目建设有关要求的通知》（国能发新能〔2017〕3号）；内蒙古自治区人民政府《内蒙古自治区气候资源开发利用和保护办法》；自治区发改委《内蒙古自治区发展和改革委员会关于内蒙古自治区进一步加强风电管理工作的通知》（内发改能源字〔2016〕824号）、《内蒙古自治区发展和改革委员会关于进一步加强我区可再生能源开发建设管理的通知》（内发改能源）〔2017〕203号）等。

**二、风能资源开发利用规划规范**

关于风能资源开发利用的规划制度主要是6部国务院及其部委的规范性文件和3部地方政府工作部门的规范性文件。分别为：国务院《关于加快培育和发展战略性新兴产业的决定》（国发〔2010〕32号），国家能源局《关于进一步完善风电年度开发方案管理工作的通知》（国能新能〔2015〕163号）、《关于建立可再生能源开发利用目标引导制度的指导意见》（国能新能〔2016〕54号），国家发改委、国家能源局下发的《能源技术革命创新行动计（2016—2030

年)》,《风电发展"十三五"规划》,《国家能源局关于可再生能源发展"十三五"规划实施的指导意见》;《锡林郭勒盟煤电基地特高压外送通道送出风光资源配置暂行办法》(锡党办发〔2015〕1号),《内蒙古自治区可再生能源发展"十三五"规划》,《内蒙古自治区发展和改革委员会关于组织上报"十三五"分散式接入风电项目的通知》(内发改能〔2017〕1070号)等。

### 三、风电项目建设管理规范

有关风电项目建设的制度规范主要是9部部委规范性文件。包括:国家发展和改革委员会、国土资源部、国家环境保护总局《风电场工程建设用地和环境保护管理暂行办法》(发改能源〔2005〕1511号);国家能源局《风电开发建设管理暂行办法》(国能新能〔2011〕285号);国家发展改革委办公厅《关于印发风电场工程前期工作有关规定的通知》(发改办能源〔2005〕899号),《关于不再作为企业投资项目核准的前置条件事项的通知》(发改投资〔2014〕2999号);国家能源局《关于取消第二批风电项目核准计划未核准项目有关要求的通知》(国能新能〔2015〕14号);国家能源局《关于取消新建机组进入商业运营审批有关事项的通知》(国能监管〔2015〕18号);国务院《关于发布政府核准的投资项目目录(2016年本)的通知》(国发〔2016〕72号);国家能源局《关于加快推进分散式接入风电项目建设有关要求的通知》(国能发新能〔2017〕3号);国家发展改革委、国家能源局关于《推进并网型微电网建设试行办法》的通知(发改能源〔2017〕1339号)。

### 四、风电产业促进规范

其中,风电保障性收购制度的基础是9部部委规范性文件。包括:国家电力监管委员会《电网企业全额收购可再生能源电量监管办法》(电监会25号令);国家能源局《发电厂并网运行管理规定》(电监市场〔2006〕42号),《国家能源局综合司关于开展风电清洁供暖工作的通知》(国能综新能〔2015〕306号),《国家能源局关于做好"三北"地区可再生能源消纳工作的通知》(国能监管〔2016〕39号),《关于做好2017—2018年采暖季清洁供暖工作的通知》(国能综通电力〔2017〕116号);国家发展改革委《可再生能源发电全额保障性收购管理办法》(发改能源〔2016〕625号);国家发展改革委、国家能源局《关于改善电力运行调节促进清洁能源多发满发的指导意见》(发改运行〔2015〕518号),《关于做好风电、光伏发电全额保障性收购管理工作的通知》(发改能源〔2016〕1150号),《可再生能源调峰机组优先发电试行办法》(发改运行〔2016〕1558号)等。

而关于风电价格及财政补贴、税收优惠的财政激励制度基础是9部部委规范性文件和1部地方政府规范性文件。国家发改委《可再生能源发电价格和费用分摊管理试行办法》(发改价格〔2006〕7号),《可再生能源电价附加收入调配暂行办法》(发改价格〔2007〕44号),《关于完善风力发电上网电价政策的通知》(发改价格〔2009〕1906号),《关于完善陆上风电光伏发电上网标杆电价政策的通知》(发改价〔2015〕3044号);财政部《可再生能源发展专项资金管理暂行办法》（财建〔2015〕87号），《关于风力发电增值税政策的通知》（财税〔2015〕74号）；国家能源局《国家能源局关于请提供可再生能源补贴资金缺口的函》（国能新函〔2015〕25号）；财政部、国家发展改革委员会、国家能源局《可再生能源发展基金征收使用管理办法》（财〔2011〕115号），《可再生能源电价附加补助资金管理暂行办法》财建〔2012〕102号。内蒙古自治区人民政府《关于偏远农牧区用电升级工程的实施意见》（内政发〔2017〕66号）等。

**五、风电市场培育规范**

关于风电市场规范的制度规定是12部部委规范性文件和1部地方性规范性文件。国家能源局《关于促进电储能参与"三北"地区电力辅助服务补偿（市场）机制试点工作的通知》（国能监管〔2016〕164号）。《完善电力辅助服务补偿（市场）机制工作方案》（国能发监管〔2017〕67号）；国家发改委《关于全面推进跨省跨区和区域电网输电价格改革工作的通知》（发改办价格〔2017〕1407号），《区域电网输电价格定价办法（试行）》，《跨省跨区专项工程输电价格定价办法（试行）》，《关于制定地方电网和增量配电网配电价格的指导意见》（发改价格规〔2017〕2269号），国家发改委、国家能源局《可再生能源调峰机组优先发电试行办法》（发改运行〔2016〕1558号），《电力中长期交易基本规则（暂行）》（发改能源〔2016〕2784号），《关于有序放开发用电计划的通知》(发改运行〔2017〕294号），《解决弃水弃风弃光问题实施方案》(发改能源〔2017〕1942号);国家发展改革委、财政部、国家能源局《关于试行可再生能源绿色电力证书核发及自愿认购交易制度的通知》(发改能源〔2017〕132号);国家发展改革委、工业和信息化部财政部、住房城乡建设部、国务院国资委、国家能源局《电力需求侧改革办法》;国家可再生能源信息管理中心《绿色电力证书自愿认购交易实施细则(试行)》。国家能源局东北监管局、内蒙古自治区经济和信息化委员会、内蒙古自治区发展和改革委员会联合制定了《内蒙古东部地区风电交易规则(试行)》(2017)等。

  现行立法从内容上看,涵盖了从测风、风电场建设、运营到风电上网、风电的市场消纳等整个产业流程。从立法形式来看,以可再生能源法为核心,以各项法规、规定、条例、意见、暂行办法、决定、通知等形式做出具体的执行性规定。总体看,立法基本能及时回应社会现实需要,并根据风能资源开发利用的现实发展需求而不断变更,修订或出台新的规则。立法内容不断丰富、完善,立法技术也在日益提高。但现行立法的缺陷也是非常明显的,比如从法的体系性来看,依然比较凌乱,各个立法文件之间的协调性较差;立法的层次偏低,大量的规则主要以政策性文件形式存在;等等。这些不足,我们将在实证研究之后的法律保障机制瑕疵部分进一步做详细考察和分析。

## 小 结

内蒙古拥有丰富的风能资源，便利的电力输送网络和良好的风电技术与设备条件，占尽了风能资源开发利用的"天时地利人和"的优良条件，为内蒙古风电产业的发展奠定了坚实的基础。目前，尽管内蒙古风电产业已经获得巨大的发展，但是在强烈的现实需求驱动下，进一步充分开发和利用当地的风能资源，依然对内蒙古当地乃至全国都具有重要意义。因此，进一步促进和保障内蒙古风能资源的开发利用依然有着巨大的市场前景。同时，在内蒙古这种地处边远，拥有大量牧区，生态脆弱，经济发展类型严重受限的地方，以法律机制规范和调整风能资源的开发利用活动，对当地人民的生活和生产具有十分重要的意义。推进风能资源的有效开发利用，是实现内蒙古经济与社会可持续发展的重要保障，也有利于实现民族团结和共同进步。另外，作为重要的风能资源开发利用大区，内蒙古风能资源的开发利用的良性发展还关系到国家能源转型，实现清洁能源替代的重大战略。因此，用法律机制保障内蒙古风能资源开发利用的有序、健康发展，有着极为重要的社会价值和现实意义。内蒙古风能资源的有效开发利用，有赖于通过良好的制度设计为其提供坚实的法制保障。这不仅需要国家层面的宏观立法要与时俱进，将最新的发展理念、立法技术引入立法过程，不断修订完善可再生能源领域的基本立法，还需要地方立法的及时跟进，做出具体的安排，更需要地方通过自主立法，根据本地实际情况进行积极创新，为内蒙古风能资源开发利用的有序发展保驾护航。从内蒙古风能资源开发利用法制建设历程看，内蒙古风能资源开发利用法制体系的建立和发展经过了一个从无到有、从少到多、从杂乱到有序、从单一到综合、由简单到复杂的立法历程，这个过程基本符合风能资源开发利用的发展实际和世界大多数国家发展中必然经历的立法变迁规律。目前，以可再生能源法为核心，以专项配套立法为辅助，以各种具体的执行性规范文件为依托，内容涵盖了从测风、风电场建设、运营到风电上网、风电的市场消纳等整个产业流程的内蒙古风能资源开发利用法律体系已经基本建成，为内蒙古风能资源开发利用的有序开展提供了现实的法制保障基础。

# 第二章

# A旗风能资源开发利用的实证研究

经过多年的立法实践,内蒙古风能资源开发利用的法律保障体系已经初步形成,法制实践取得的成就也有目共睹,有效培育和发展壮大了当地的风电产业。A旗98%的土地被原始植被覆盖,是内蒙古自治区十大天然草场之一,人与自然和谐共处对以牧业为主的A旗而言,有着十分重要的意义。同时,A旗也是内蒙古三大百万千瓦风电基地之一。考察A旗风能资源开发利用的法制实践,可以比较典型地反映出内蒙古风能资源开发利用中地域特性比较突出的问题所在。《中华人民共和国宪法》第118条第2款规定:"国家在民族自治地方开发资源、建设企业的时候,应当照顾民族自治地方的利益。"因此,在本文的调研中,发现问题、思考问题和分析问题的着眼点主要在于地方利益维护视角下的审视。通过实际走访调研,笔者发现A旗的风能资源开发利用虽然取得了较大的成就,但存在有违风电这一绿色产业发展初衷的生态环境破坏与征地补偿不合理所导致牧企利益冲突难以调和两个突出问题,这也成为当地风能资源开发利用有效推进的实际障碍,亟待得到有效解决。

<<< 第二章　A旗风能资源开发利用的实证研究

# 第一节　A旗风能资源开发利用概况[①]

作为内蒙古自治区中北部的一个牧业旗，借助其优良的资源条件，A旗的大型风电已取得了卓越的成就，有望发展为促进当地经济发展的重要支柱产业。另外，小风机的普及与发展，更是对于解决无电区牧业人口的生产生活用电发挥着重要意义。目前A旗的微电网也已经完成规划，正处在审批和逐步实施阶段。因此，A旗的风能资源开发利用具有种类齐全、面积巨大、意义突出的特点。对其发展现状的梳理和总结，是分析和思考风电产业在当地发展中存在的问题，以及探寻解决问题的具体方案的现实基础。

## 一、大型风电场建设情况

A旗蕴藏着丰富的风能资源，地貌以草原微丘陵为主，地形平坦开阔，风能资源可集中利用面积大，具备建设大型风电场的优越条件。A旗目前重点规划建设的是H和B两大风电场。其中，H风电场规划面积450平方公里，规划总装机容量225万千瓦。现H风电场已入驻12家风电企业，并且已有9家风电企业运行投产并网发电装机容量85万千瓦。9家企业分别是国华（锡林郭勒）新能

---

[①]　数据来源：A旗发改局。

源有限公司15万千瓦、大唐锡林郭勒风力发电有限责任公司25万千瓦、锡林郭勒吉相华亚风力发电有限责任公司10万千瓦、中国水电建设集团投资有限责任公司10万千瓦、内蒙古北方龙源风力发电公司5万千瓦、中广核风力发电有限公司5万千瓦、锡林郭勒盟天和风能发展有限公司5万千瓦、安能风力发电有限公司5万千瓦、融丰H 4.95万千瓦。另还有10万千瓦的装机容量已取得核准，分别为大唐六期和秦皇岛港城电力。而B风电场规划面积2000平方公里，规划总装机容量1000万千瓦。现已入驻风电企业29家，已有6家企业完成测风工作，正在推进风电项目核准工作，3家企业正在测风。A旗目前已引进风机制造企业1家。

截至2014年6月底，全旗累计并网发电62.36亿千瓦时。其中2014年1—6月发电6.63亿千瓦时，实现产值3.38亿余元，较去年同比增长2.2%（2013年1—6月发电6.49亿千瓦时，实现产值达3.31亿余元）。A旗2014年的装机总量已占全盟的26%，风力发电量占全盟的24.2%，均居于全盟首位，为A旗建成全盟重要的新型能源基地奠定了基础。根据《国家能源局关于锡林郭勒盟新能源基地规划建设有关事项的复函》（国能新能〔2017〕4号），锡林郭勒盟风电基地近期规划规模为7000兆瓦。其中，A旗本期规划开发风电1300兆瓦。

风电产业的发展，为完成全旗乃至全盟节能减排做出巨大贡献。A旗全部的新能源发电均为风电，相对于燃煤机组，减少二氧化碳排放量120万吨、二氧化硫0.67万吨，节约标煤44万吨。A旗的万元GDP能耗及工业增加值能耗仅为0.5617吨标准煤、0.7吨标准煤，均处于全盟最低水平。同时风电产业的发展，也拉动了投资、税收和就业，促进全旗经济社会的全面发展。A 旗百万千瓦级风电基地的开发对经济结构调整的推动、对区域间经济的协调及对当地投资环境的改善、对地区生产总值和财政收入的贡献、对区域内及周边地区可持续发展能力的支撑都有着巨大的贡献。

## 二、小风机使用情况

A 旗嘎查村多处于沙漠边缘或沙漠腹地，常年干旱无雨，经常遭受沙尘暴袭击，自然条件十分恶劣。因为周边没有较大的用电负荷，牧户居住分散，居住地平均距离在 3 千米以上，如用传统电网输送方式解决上述地区的用电问题，会给供电企业带来较大的供电压力，且供电质量从根本上不能保证，存在较大安全隐患。因此，自锡林郭勒盟 2009 年大规模实施新能源风光互补通电工程以来，之前无电的嘎查通电方式主要是安装新能源风光互补通电。近年来，通过锡林郭勒盟无电地区通电工程的大力实施，行政嘎查村已全部通电。经统计，截至 2016 年底，全旗 7 个苏木（镇）71 个行政嘎查共有牧户 6005 户，通电 6005 户。其中采用电网通电 1502 户，1~2 年内具备接入电网条件尚未接入电网的牧户有 302 户，不具备接入电网条件的牧户有 4201 户，采用新能源通电 4503 户（已全部普及 600 瓦风光互补设备）。具体情况见表 2-1。

表 2-1　A 旗农牧区通电情况统计表（截至 2016 年 12 月 31 日）

| 序号 | 地区 | 牧户数量 | 已通网电户 | 计划通网电牧户数量 | 新能源通电户 |
|---|---|---|---|---|---|
| 一 | 别力古台镇 | 1200 | 198 | 39 | 1002 |

续表

| 序号 | 地区 | 牧户数量 | 已通网电户 | 计划通网电牧户数量 | 新能源通电户 |
|---|---|---|---|---|---|
| 二 | 查干淖尔镇 | 1019 | 370 | 101 | 649 |
| 三 | 洪格尔高勒镇 | 1003 | 454 | 86 | 549 |
| 四 | 那仁宝拉格苏木 | 618 | 59 | 19 | 559 |
| 五 | 伊和高勒苏木 | 543 | 90 | 16 | 453 |
| 六 | 巴彦图嘎苏木 | 939 | 230 | 27 | 709 |
| 七 | 吉日嘎郎图苏木 | 683 | 101 | 14 | 582 |
| 合计 | A旗 | 6005 | 1502 | 302 | 4503 |

其中，已安装新能源通电设备升级改造工程大功率风光互补设备393套（2000瓦249套、3000瓦144套）。其中，2014年年底安装70套（全部2000瓦水平轴设备），2015年工程安装223套（其中2000瓦79套、3000瓦144套），2016年工程安装100套（2000瓦10套、3000瓦90套垂直轴设备）。目前，A旗牧区生活用电已全部满足，但生产用电仍不能满足的牧户还有677户（其中牧户需求离网型户用风光互补2000瓦为203户、3000瓦为474户）。

### 三、A旗的微电网项目

二连浩特可再生能源微电网示范项目覆盖锡林郭勒盟"五旗一市"，总装机规模253.5万千瓦，A旗就是规划中的7个微电网集群的所在地之一。2017年9月1日，锡林郭勒盟发改委发布公告指出，将A旗微电网项目建设范围核准为104平方公里，开发任务为安装77台3000千瓦风机，超出原规划1万千瓦。该项目目前由中节能锡林郭勒盟风力发电有限公司承建，正处于立项审批阶段。

## 第二节　A旗风能资源开发利用中的生态影响与环境破坏

随着建设规模的逐渐扩大，A旗风能产业正逐步与当地牧民的切身利益日益紧密相关联起来。风电产业作为绿色电力产业，国家及地方政府在前些年均给予其大量的优待、照顾，提供了很多配套的扶持政策，使风能资源开发利用在当地快速发展起来。与此同时，对风电产业的大力扶持使得风电场建设中的生态环保问题被不同程度地忽略，有关生态环保相关法律政策执行不到位，对当地生态环境产生了一定程度的现实破坏，影响到当地牧民赖以生存的草场质量，有损当地牧民利益。由于A旗的民族构成多样，少数民族人口占比达到57%，[1] 极有可能因此引发民族矛盾。

### 一、大型风电场建设与运营中的生态影响

所谓生态，指的是自然界各生物物种之间以及各生物物种与环

---

[1] A旗的民族构成中，蒙古族、回族、满族、达斡尔族、鄂温克族、壮族、锡伯族、维吾尔族和藏族共9个少数民族，占人口总数的54.98%；牧业人口为2.3万，占总人口50.8%。数据来源：A旗政务门户网站，最后访问日期：2018年3月18日。

境之间的相互依存关系和自然状态。在 A 旗的风电产业发展中，这种原始的生命链以及其自在自为规律，实际上正受到风电项目的影响和破坏。具体表现为，在风电场建设与运营过程中，风电项目不仅使得风电场及附近区域的微观生态链条产生了明显的变化，风机旋转产生的气流变化也会对区域内外的气温和降水产生一定的影响。

（一）对风电场区域内生态供应链的影响

在风电场前期探测、勘查以及建设过程中，往来工作人员对草场植被的踩踏、施工材料的堆放、搅拌站以及运输车辆的车轮碾压，造成当地草场生态环境破碎化，生物量大量损失。施工开挖后的土方处理不当和施工过程中造成的扬尘污染都会影响周边植物的生长和生存。理论上，风电场建成后，临时施工区、便道①等可以通过生态修复措施逐渐恢复植被密度。但实践中，一方面，生态恢复工作被大量忽视；另一方面，即使进行了生态修复，可是由于人工植草往往草种单一，依然会影响到局部植被的多样性。风机基础、升压站、厂房、生活区和检修道路这类永久占地往往会经过水泥硬化，导致植被种植减少，从而减少了整个风电场区域内的植被覆盖面积，阻断了当地原有的生态供应链。生态是一个整体系统，局部生态要素的变化会使得其他要素发生适应性改变。比如，由于

---

① 风电场建设过程中的便道面积不可小觑，因为风机体积庞大，对吊装、运输车辆的通行道路要求较高，多数环评报告对施工期道路宽度要求为 7~9m，所以整个工期的碾压对原有植被的破坏是非常严重的。对于 A 旗这种降水量极少、土壤修复能力较差的地方而言，后期的生态修复成本非常高。

风电场建设区域的植被覆盖度降低，植物与生物多样性减少，会直接影响鸟类的觅食，加上躲避风机噪音或避免与风机碰撞等因素，鸟类会选择离开风电场区域内的栖息地，或改变迁徙路线[1]，其他大型兽类也会采取类似的行动。笔者调研中得到的说法证实了这种情形的现实发生。

笔者在 A 旗行政部门和 H 风电场及其周边的走访中，当地居民包括发改局的工作人员均反映：

> 以前有很多鸟，随着风电场建设，现在已经很难再看到鸟了。[2]

鸟类和大型禽兽这种避让行为，对风电场及附近区域的草原生态维护是非常不利的。一方面，鸟类与大型禽兽的消失会使风电场及周边区域食物链下一级的兔子和鼠类等动物数量增加，使得草原的动物啃食量剧增，进而通过食物链的传导，影响到当地植物的种类和数量。另一方面，缺少了鸟类的觅食和迁徙途中对本地的生态系统物质交换的良性影响，也会使风电场区域的草场产量和质量下降，进而损害牧业生产。

---

[1] DEHOLM M, KAHLERT J. Avian collision risk at an offshore wind farm, 2005; CHRISTENSEN T K, HOUNISEN J P. Investigations of migratory birds during operation of Horns Rev offshore wind farm. Annual status Report 2004, Report commissioned by Elsan engineering A/S 2005. National Environmental Research Institute, 2005.

[2] 调研时间：2017 年 9 月 5 日—9 月 30 日。

## （二）对气候要素的影响

气象学领域目前已有多项研究成果表明，大型风电场的建设可能会引起全球气候变化。"风电场运行会吸收气流动量，从而使下游地区风速明显减小20%~40%；风机的涡轮扰动改变垂直混合，最终改变局地温度，最大可增暖1℃以上，并使近地面空气变干，减小表面感热通量，从而间接改变局部的云量和降水量等气象要素。"[1] 从影响范围看，Vautard R.、Cattiaux J. 和 Yiou P. 的研究表明："进入风电场的风速是8~9米/秒，风电场最大衰减后风速只有5米/秒，在20千米范围内保持较大的衰减，20千米以外风速开始回升，风电场影响风速衰减的距离可以达到30~60千米。"[2] "考虑到'蝴蝶效应'的存在，大型风电场对全球气候的影响也可能在不远的将来被证实。"[3]

局部地区温度的升高将进一步加大风电场内以及周边地区的蒸发量，使得草原进一步变干燥，土地也更容易沙化，沙尘天气也会增多，从而导致草原退化、沙化，使整个草原生态系统更易遭到破坏并难以恢复。李国庆等人利用遥感数据分析了A旗境内的H风

---

[1] 赵宗慈，罗勇，江滢. 风电场对气候变化影响研究进展 [J]. 气候变化研究进展，2011 (6).
[2] VAUTARD R, CATTIAUX J, YIOU P, et al. Northern Hemisphere atmospheric stilling partly attributed to an increase in surface roughness [J]. Nature Geoscience, 2010 (3): 756 – 761.
[3] Keith 等人（2004 年）和 Balog 等人（2016 年）在他们的研究中就指出："风电场对气候的影响不只是局地的，还有大范围的气候效应。大型风电场设置会造成全球大气能量损失，使得全球表面经向风速、温度、云、感热、潜热、短波和长波辐射都会发生变化，间接影响降雨量的变化。"

电场 50 千米范围内建成后 7 年和建设前 9 年的植被变化情况，研究发现，风电场的建设加快了地表蒸散发过程，地表蒸散发量迅速上升，其中受影响草地面积占研究区域的 91%。① 潘艳秋和李谣对辉腾锡勒风电场的研究结论也对此进行了佐证："以样方中获得的干草重量估算产草量的话，风电场内部牧草产量比距风机组 1 千米处产草量少 500 公斤/公顷，比距风机组 3 千米处产草量少 900 公斤/公顷。"②

上述研究结论也被当地居民的感性经验所确认，在笔者的走访中，有许多当地居民认为，风电场大规模建成后，影响了当地降雨。

牧民沙格德尔对笔者说：

> 以前这里小雨很多，自从风电场建起来后，降雨量越来越少，近几年几乎没下雨，以前家家都有雨衣，现在几家才有一件。③

牧民额尔登巴雅尔说：

> 现在雨水稀缺了，地下水也越来越少，嘎查里面都不敢轻

---

① 李国庆，刘志锋，常学礼，等. 风电场对草地蒸散发影响分析 [J]. 生态科学，2016（6）.
② 潘艳秋，李谣. 辉腾锡勒风电场对区域生态环境影响初探 [J]. 北方环境，2011（10）.
③ 访谈时间：2017 年 9 月 18 日，访谈地点：H 风电场周边居牧场。

易打井了，打一口井，周边10几公里的草场都会退化。①

在与A旗政府相关部门召开的座谈会上，气象局的一位领导A某提到的信息也从侧面证明了当地降雨量的减少。

当时为了缓和气氛，财政局和发改局的两位同志打趣A某，说他现在是旗长眼里的红人，经常出入旗长办公室。A某回应说：

> 旗长那是让我每星期去办公室汇报工作呢，因为总不下雨，旗长隔三差五就打电话给我，问我啥时候能下雨。可总是没有雨啊，我现在见到旗长或接到他电话就头疼。②

当然因大型风电场建设对气候要素的实际影响的样本量相对较少，其研究结论尚有很大的不确定性。但与传统水电厂造成的生态环境影响相比，风电场建设造成的损害应该要小很多。对此，有研究结论认为："受气溶胶颗粒直接和通过云间接影响，地表风速虽然减小，但风耗散导致的环境加热远远小于热电厂产生的热量，其对全球的增暖效应远低于人类排放温室气体造成的增暖效应。"③总体来看，大型风电场建设运营时间还不够长，相关的观察研究还属于起步阶段，大型风电场建设对气候、生态要素的影响，都有一个长期的、慢慢积累的过程，再加上不同区域地表结构的复杂性和

---

① 访谈时间：2017年9月18日，访谈地点：H风电场周边居牧场。
② 访谈时间：2017年9月14日，访谈地点：A旗某宾馆。
③ MARIA M R V S, JACOBSON M Z. Investigating the effect of large wind farms on energy in the atmosphere [J]. Energies, 2009, 2: 816-838.

全球气候的多样性。因此,无论是大型风电场建设对局部区域内生物链的破坏程度还是对气候要素的影响,均有待生态学和气象学领域研究者的持续追踪,通过进一步深入研究和更加精确地研究论证予以证实。但防患于未然,尽量将可能的损害降至最小、最低,对于内蒙古这样的生态脆弱区依然有着极为重要的意义。因此,相关法律必须对此进行有效规制,以免产生无法挽回的损失。

## 二、风能资源开发利用中的自然环境破坏

### (一) 风电场建设中对环境要素的侵扰与破坏

风电场建设前期的测风活动和实地勘查中,人员和车辆在草场上的随意踩踏和碾压对植被造成了一定的损害。风电场施工过程中,施工人员会铺设场区道路或临时道路,设置临时施工场地;实际施工过程中临时道路的铺设不仅占地面积巨大(一般的施工期道路宽度达到 7~9 米),而且没做硬化处理,经过运载和安装重型设备的机械碾压之后,草地很难恢复到原来的植被样貌。风电场建设过程中开挖表土不仅会破坏地表植被,还会使表层土裸露,且施工过程中的土方处理不当也必然会加剧水土流失。A 旗属于半干旱气候,降水量少,蒸发量大,年平均无霜期只有 103 天,年平均地温仅 2.8℃。[①] 因此,这些经过施工扰动的区域往往风蚀严重,自然

---

[①] 数据来源:A 旗政务门户网站,最后访问日期:2018 年 3 月 18 日。

恢复过程比较长，即使是扰动最小的区域，恢复期也在 4 年以上。[①] 在当前降水量进一步急剧缩减的情况下，人工恢复措施又会因采水困难而使相当多的生态修复工程受到阻碍，若无有效的规制措施，这些扰动区域的土壤将不可避免地逐渐沙化。

针对上述情况，牧民大娜仁其木格不无忧虑地说：

> 这草地一旦被破坏了啊，冬天就不能保暖，草苗受冻后，到了春天也就不能按时发芽，慢慢地，这块草地就会退化，沙化面积越来越大，到最后就成荒漠了。[②]

对于风机底座和升压站等永久占地部分，植被几乎完全损失，彻底失去了生物生产功能和生态功能。除此之外，为保障风电传输而建设的输电线路，尤其是特高压输电线路的建设和运行对周边生态环境的破坏和侵扰也同样存在较高的修复成本。风电场和输电线路运行中的噪声污染对草原地区较低的人口密度来说，影响不大，但其电磁辐射污染对周边居民和牲畜仍然有着不可忽略的侵扰，在规划建设中需对此予以考量并进行适当规避。

（二）风电现场的环境破坏

从笔者现场走访情况来看，很多已经正式运营的风电场，残留着明显的当初建设施工的痕迹。比如，很多风电场塔基基座在施工

---

① 张爽爽. 风电场建设对生态环境影响的研究 [D]. 呼和浩特：内蒙古大学，2012.
② 访谈时间：2017 年 9 月 13 日，访谈地点：A 旗 H 风电场周边牧场。

后就仅仅只做了简单平整，没有进行有效的植被恢复，导致塔基四周土壤沙化明显，仅有零星可见的几株一年期植物生存（见图2-1）。

图2-1 塔基四周的土壤沙化状况

许多场区道路都是维持建设施工时临时的道路状况，并未按照当初建设环评以及批复的要求进行道路两边的植被恢复。道路两边可以见到大量的表土裸露，某些路段存在明显的水土流失现象。草原上的风机位之间多数未见铺设专用的巡视检修道路，某大型风电场共60余千米的巡视道路，也未见任何硬化措施，工作人员长期来往作业中的踩踏所造成的沙化现象也非常突出（见图2-2）。

图 2-2　场区道路情况

另外，即便是办公区，很多风电公司的生态修复工作也只是做做表面功夫而已（见图 2-3）。从图中明显可以看出，厂区绿化带内的植被主要是一年生草本植物，植被稀疏，存活量较低。所种植的树苗大多已经枯死，残存的几棵也未得到较好的照料。办公区公告栏的职业卫生监测数据也是两年前的数据（见图 2-4）。可见，环境保护问题并未引起企业的重视。

<<< 第二章 A旗风能资源开发利用的实证研究

**图 2-3 办公区的生态修复状况**

总之，虽然从现有研究数据来看，相对于其作为传统化石能源的替代能源而产生环境价值的正效应而言，风电现场对建设区域环境产生的负效应是比较轻微的，但"2011年，全国水利普查结果表明，内蒙古侵蚀面积达64.95万平方千米，占全区总面积的55%，其中水力、风力侵蚀面积均列全国第二位，水土流失防治任务十分繁重"①。因此，在风能资源开发利用中，工作人员和工程车辆的踩踏和碾压、不规范的施工所造成的人为性水土流失，依然是内蒙古原本脆弱的生态环境难以承受的。

（三）当地民众对环境问题的感知情况

根据笔者的访谈情况和现场观察，风电项目在建设和运行期生

---

① 自治区人民政府立法一处. 解读《内蒙古自治区水土保持条例》[EB/OL]. 内蒙古自治区人民政府法制办公室网站，2018-03-20.

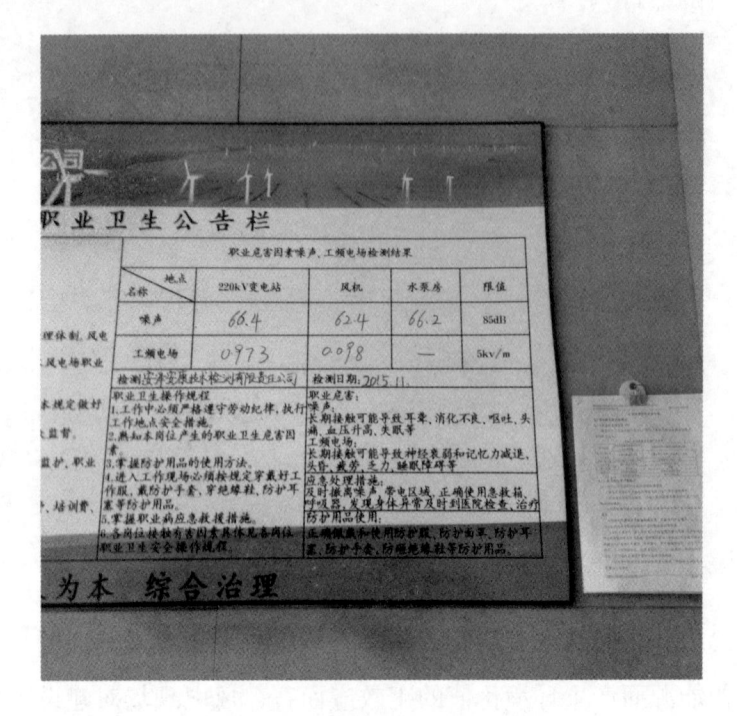

图 2-4　噪声监测数据公告

态恢复工作做得并不理想。由于以上只是随机的、个案式的观察，而调查问卷可以收集广泛的信息，因此，笔者针对 A 旗内居民发放了 150 份调查问卷，以了解当地民众对风电产业发展中的环境问题的认知情况。从对当地居民的问卷调查结果来看，在有效回收的 120 份问卷中，针对"Q17 您是否支持在本地建设和运营风电场（单选）"，27 人选择支持，78 人选择有条件支持，9 人选择反对，6 人选择不关心（见图 2-5、图 2-6）。

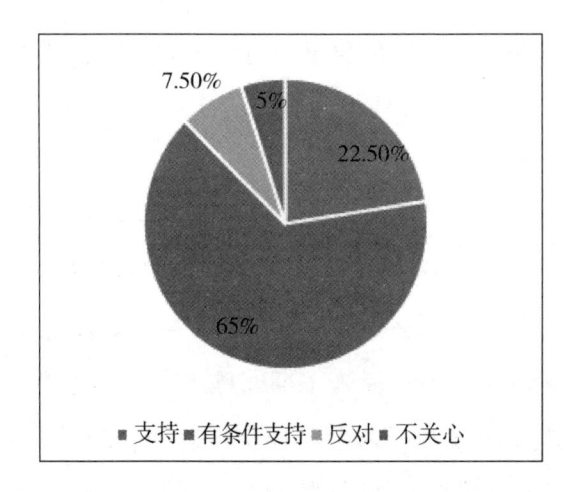

图 2-5　风电场建设与运营的居民态度

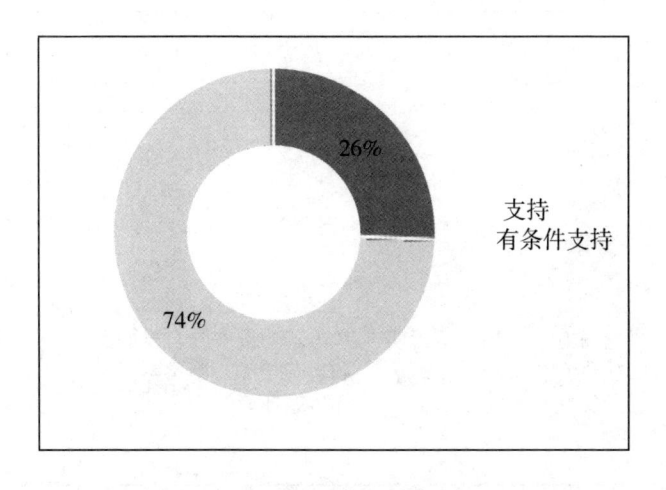

图 2-6　有条件支持风电场建设的人数比例

总体来看，当地居民对风电场建设多持支持态度，他们普遍认可风电是清洁能源，生产过程不会产生废水、废气、废渣等直接污染，这也与笔者在当地走访中和牧民的随机交谈中所获得的信息相符。但鉴于自身原因以及目前风电场建设中存在的一些现实问题，有65%的当地居民倾向于有条件支持，在所有持支持态度的被调查者中占比达到74.3%。这反映出当地居民大多比较理性，易于接受新事物，但当地风电项目建设实施中确实存在的一些问题，增加了当地居民的顾虑。

那当地居民对于建设风电场的顾虑因素究竟有哪些？在持有条件支持和反对意见的87张问卷中，针对"Q20：在您的家乡建设运营风电场，您最担心的是什么（多选）"，44人选择风电场施工期的社会治安变差，31人选择施工期间施工方与当地群众发生矛盾，74人选择风电场建设和运营会破坏生态环境，36人选择风电场建设、运营与自己的民族宗教习惯冲突（见图2-7）。

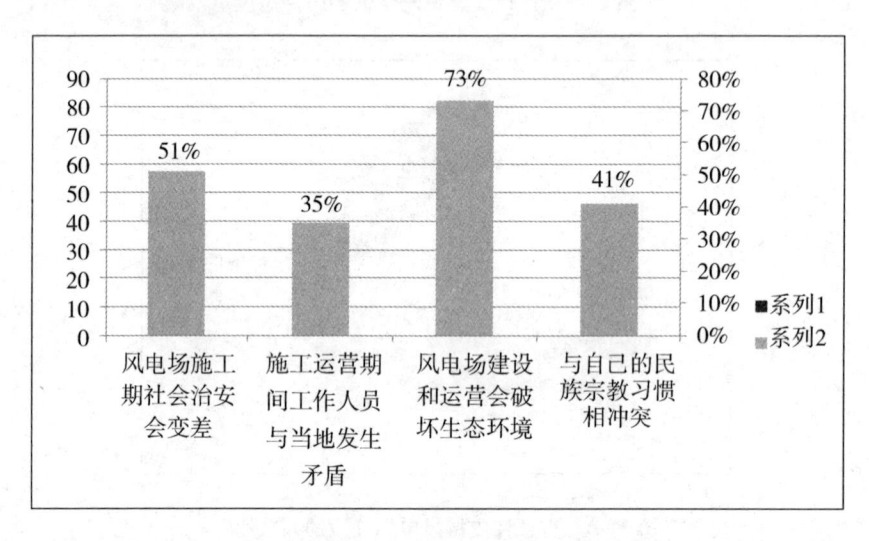

**图2-7 居民对于建设风电场的顾虑因素**

从图2-7的数据来看，风电场建设与运营期间对当地的生态环境破坏是当地居民接纳和支持风电项目最大的顾虑因素。A旗是一个牧业旗，当地居民主要以牧业生产为生，可支配的收入基本来源于畜牧业，生态环境的变化直接影响着家庭的生计。

<<< 第二章 A旗风能资源开发利用的实证研究

在87份"有条件支持"和"反对风电场建设"的调查问卷中,针对"Q21当地居民对风电场建设运营过程中最担心的环境问题是什么呢(多选)",70人选择生态环境恶化,33人选择垃圾污染,35人选择噪声污染,5人选择其他(见图2-8)。这个结果基本符合当地居民根据自己的利益延伸的比例(单位面积上人口的分布)。

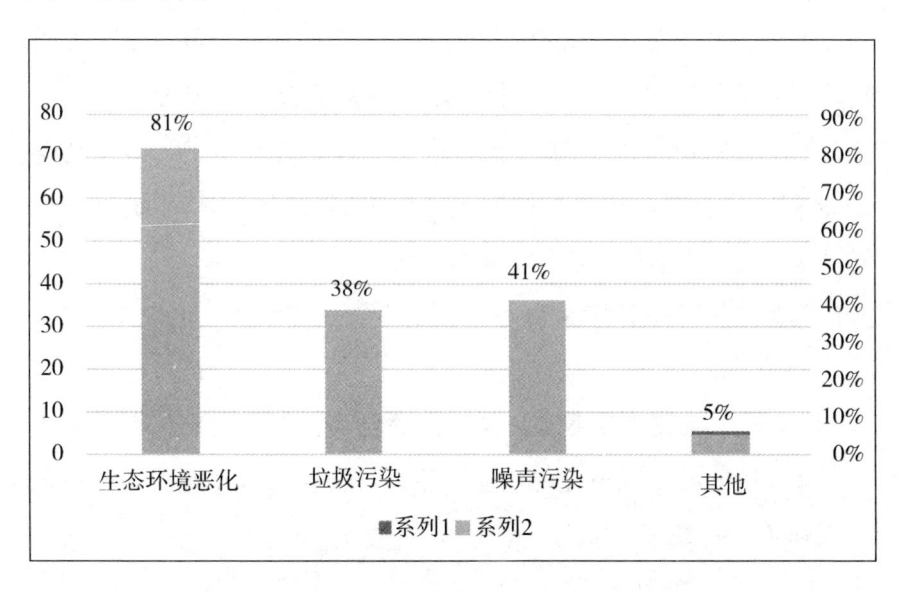

图2-8 风电场建设中居民最担心的环境问题

## 三、风能资源开发与当地文化环境的冲突

由于特殊的地理、气候和人文环境,内蒙古的风能资源开发建设中的资源占用和生态环境破坏,对以牧业为生计的当地群众来说,既可能对其现实生计产生影响,也会撕裂其对传统生态文化的

信仰与遵从，使其发自内心感到失落和担忧。蒙古族在特殊的地理、气候条件下形成了其特殊的生态文化传统以及与其相适应的游牧生产生活方式。蒙古族自古信仰萨满教，崇拜大自然，并在千百年的游牧生产中形成了人与牲畜、人与自然和谐相处的传统观念。即使在藏传佛教传入蒙古地区后，萨满教被佛教取代，但这些观念与佛教思想融为一体，始终影响着蒙古族人的思想和意识。蒙古族奉天为父、敬地为母，认为天父创造了人类生命、地母赋予了人类躯体。所以在蒙古族传统文化中有很多关于破坏地表土壤的禁忌（如禁止随便打眼钉钉、禁止挖坑取土、禁止毁坏植被、禁止乱挖药材等）。即使是不得不挖坑取土或打眼等的情况，待事情过后也要想尽办法将土地恢复原样。

笔者在和锡林浩特市 78 岁高龄的老牧民交谈时，他说：

现在又是开矿挖煤，又是打井抽油，又是大风机轰隆隆地转，这无异于在砸大地母亲的骨头，抽取她的脊髓，让她昼夜不得安宁啊。[1]

也有牧民说：

锡林郭勒大草原能够成为最美最好的草原，就是因为丰富的资源千百年来滋润着草原，才使其水草丰美。这些年的开发建设，使得这片草原连年干旱，风沙弥漫，生态每况愈下。[2]

---

[1] 访谈时间：2017 年 9 月 7 日，访谈地点：锡林郭勒市某特产店。
[2] 访谈时间：2017 年 9 月 7 日，访谈地点：锡林郭勒市某特产店。

从牧民的谈话中可以听出，牧民们将近几年干旱少雨的自然灾害归咎于资源开发利用对大自然的破坏。我们可以清楚地感受到牧民对自然和草原的认知及自然和草原在牧民思想观念中所占据的地位。前述问卷调查分析中，关于居民对于建设风电场的顾虑因素选项中，有41%的居民选择了"与本民族文化冲突"这一选项，而接受问卷调查的蒙古族居民共51人（本次有效收回的问卷120份），其中50人勾选民族文化冲突选项，占全部蒙古族被调查者的98%。蒙古族长期游牧形成的生态文化传统知识对于适应和维护当地的生态系统是极为宝贵的财富，在其影响下所形成的当地牧民的生产、生活方式也是我国民族文化百花园中非常灿烂的一枝，为内蒙古的经济发展奠定了重要的文化基础。在内蒙古风能资源的开发利用中，应该对这种特殊人文环境予以关注，尽量调试彼此之间的利益冲突，才能保障风电事业的有效发展。

总而言之，上述现象背后存在多种影响因素，但无论哪种因素，都与现行风电项目环保制度缺陷和制度的执行不力有关。其中，一方面环评等制度规定对占地的要求与实际情况有差距，另一面是建设单位落实不到位。[1]

---

[1] 刘力全，王圆媛，等.内蒙古自治区风能源分布情况及开发过程中存在的问题[J].内蒙古石油化工，2012（14）.

## 第三节　风能资源开发利用中的牧企纠纷

目前，风能资源开发利用中的牧企纠纷，主要是因征地补偿引起的，对当地风电项目的开发建设者造成了极大的困扰。下文笔者主要从调研中了解到的两起阻挠风电项目建设的个案[①]着手，来展开对牧企纠纷现状及其背后的经济与社会因素的分析。

### 一、两起牧企纠纷

**案例**1：中能建投锡林郭勒盟新能源有限公司2017年6月29日就获得了风电项目的核准[②]。该项目位于A旗查干淖尔镇乌兰宝拉格嘎查（牧户3户）和别力古台镇额尔敦宝拉格嘎查（牧户30户和升压站位置），共涉及牧户33户。其中涉及乌兰宝拉格嘎查9台风机和额尔敦宝拉格嘎查90台风机。在开展前期工作的过程中，4月中旬"社会稳定风险评估报告"入户调查工作已与别力古台镇对接，由乌兰哈达副镇长对接嘎查，由"社会稳定风险评估报告"单位入户做调查，当时乌兰宝拉格嘎查3户牧民均表示同意，并由

---

[①] 以下案例均来自笔者本人的调查。出于隐私考虑，笔者对案例2中的双方当事人名称做了匿名处理，仅以某风电公司和牧民H代称之。

[②] 《锡林郭勒盟发展和改革委员会关于中能建投锡林郭勒盟新能源有限公司中国能源建设集团锡林郭勒盟阿旗225MW风电项目核准的批复》（锡发改发字〔2017〕68号）。

嘎查签字盖章，但当深入到额尔敦宝拉格嘎查6户牧民家时，其中2户同意、2户无所谓、2户不同意。等设计变更完成后，再次深入牧户做"社会稳定风险评估报告"调查时，"社会稳定风险评估报告"单位直接对接额尔敦宝拉格嘎查嘎查长额尔敦其木格，征求其意见时其表示不同意，并表示不给盖嘎查公章，同时拒绝地勘单位进场作业，并要求企业征求嘎查"两委"意见。为此，旗发改局对接别力古台镇政府、企业及嘎查"两委"成员，针对该项目召开协调会议，会上"两委"班子成员持反对意见。针对该项目的进展情况，旗政府要求由别力古台镇政府斯琴高娃镇长带企业深入牧户做调查，9月12—15日，斯琴高娃镇长带队同项目业主、"社会稳定风险评估报告"及"草原使用可行性研究报告"相关人员走访额尔敦宝拉格嘎查牧民17户，最后，摸排结果为2户赞同、6户无所谓、9户不赞同。由于该项目在办理"社会稳定风险评估报告"中有近70%的牧户不同意建设风电项目，导致企业"环境影响评价报告"无法进行，地勘单位无法入场勘探。

该案中，在旗发改局、镇长、副镇长出面多次协调的情况下均未能改变牧民对该风电项目的强烈抵制状态，致使该风电项目前期准备工作因未能获得嘎查领导和牧民的支持而长期处于停滞状态，这种情况在同期开展的其他几个微电网风电项目中也比较罕见。从这个案例可以看出，风电公司多为外来企业，在当地开展风电项目，严重依赖于当地政府的有力推动，企业自身则尽量回避与牧民的正面交涉。这其中的主要原因是作为外来企业，企业工作人员普遍不熟悉当地的风土人情。至于企业为什么不招聘本地工作人员以方便从事与当地牧民的沟通协调工作，笔者与某风电公司工程建设部的赵姓工作人员的访谈可以解释其中的主要原因。

笔者：您做风电场建设征地这块工作有几年了？

赵某：有快十年了呢。

笔者：哦，那您经验很丰富了！您是锡林郭勒盟本地人吗？

赵某：不是。

笔者：你们公司负责前期工作的本地人多吗？

赵某：不多。

笔者：我以为本地人熟悉当地情况，做前期工作有利呢。

赵某：您说的有一定道理。但是我们每个项目的前期工作时间并不长，如果都招聘本地人来做，一是人员变动大，难以实现有效管理，二是专业性优势也很难突出。[①]

据该工作人员解释，风电项目开发期很短，像在 H 这样地势平坦的草原上建设风电场，没有特殊情况的话，做完前期准备后，从开始施工到电场正式运转，施工期也就 1 年左右的时间。运营期大量的工作是自动化控制，1 个常见的中等规模的电场，仅需要 10 个左右的技术人员外加 1~2 个管理人员即可。因而，风电企业一般不会考虑特意在当地招聘工作人员。由此可见，企业出于较少的管理成本和较高效率的考虑，通过项目合同和之后的土地出让金、各

---

① 访谈时间：2017 年 9 月 23 日，访谈方式：电话访谈。

种税费的缴纳，将项目经营所需的当地社会认同和支持工作全都打包交给了当地政府。在一定程度上，企业与政府之间形成了强烈的依存关系，政府需要企业的项目落地实施，以获得财政收益，而企业则以此要求政府代为解决项目在当地推进过程中遇到的所有外围难题。因此，在上述案例中，企业虽然焦虑项目推进工作的停滞，但除了做出适当的风机位调整计划外，并无其他举动以图缓解当地居民的抵抗情绪。这场博弈与其说是发生在企业与牧民之间，不如说是当地牧民及其集体组织与政府决策者之间的利益抗争。

**案例**2：2014年8月5日，查干淖尔某电场向A旗政府支出征地补偿款406.3625万元，获得了项目规划地的使用权。之后，开始在旗政府、旗草监局确认的征地界限内开展场地平整、道路、施工电源等基础建设工作。2015年9月，在检修道路区域内施工时，牧民H一直阻挠施工，双方多次协调未达成一致。2015年11月15日，A旗草监局、经信局、镇政府相关人员赴现场再次确认征地界限，H拒绝接受草监局确认的征地界限。由于牧民H一直阻挠施工，项目一直未能施工完成，旗政府虽多次予以调解，但一直未彻底解决问题。直至2016年6月20日，仍有一台工程车辆被牧民H扣押。

案例1是多数牧民及其集体组织联合抵制风电场建设，案例2则是牧户个体与企业之间的直接对抗。在案例2中，企业和牧户之间，双方都是一肚子委屈。企业方认为自己已经交了补偿款，获得了用地权，施工过程也严格履行了相关规定，没有越界作业，正常施工行为却被一再阻挠，严重耽误了原定的工程建设进度计划。牧民 H 则认为："风电场圈占了我的地，使我的放牧范围受到影响，我却没有得到任何补偿，这不公平。"企业求助于政府协调，可面对政府的再次确界结果，H 根本不予认同，他始终认为："这部分地就是属于我的，我家一直在这块放牧，而且就住在离这最近的地方，怎么会是别人的地？"如果说案例 1 中，因为风电项目工作尚处于前期准备阶段，企业与牧户之间尚未产生法律意义上的关系，所以还没有任何法律制度能够去规范企业与牧民之间的谈判，以尽快取得双方都满意的谈判结果，只能等待希望尽快推动项目进展的政府出面，推动企业与牧民之间的谈判。而案例 2 中，企业与牧民 H 之间的法律关系则非常清楚，企业已经按照法定程序获得争议标的的使用权，其正常的施工活动应该受到法律的保护，牧民 H 在没有法律确认的土地权益的情况下采取的阻工行为属于非法阻挠施工。可为什么没有人走法律途径，对 H 貌似非法阻工的行为进行法律制裁呢？下文我们将对此做出相关分析。

## 二、两起纠纷背后的经济与社会分析

上述两起纠纷背后其实都涉及蒙古族作为游牧民族的固有生产生活方式问题。虽然国家实行了草场承包制，但该制度在内蒙古这样的牧业大省区推行效果并不好。牧区往往存在这样的情况，即草场虽然被行政性分割了，但牧民们所处草原的总体地形地貌分布没变，不同地段的植被状况没变，牲畜舔盐喝水的自然场所也没变，只要很多牧区的游牧习惯还在，行政性分割就只是体现在纸面上的文件。实践中存在多种牧场资源组合方式，如有的是几户牧民之间或亲属之间联合起来，一起统筹规划草原利用，分别划定出冬牧场、夏牧场进行转场放牧，或轮流使用各家牧场；有的是整个嘎查一起放牧；还有的是整个旗县共同使用牧场。在这些地方，草场承包到户就只是在地图上承包到户了，并未对其实际的生产生活产生影响。①

正因为上述原因的存在，案例1中的牧民及其集体组织强烈反对；牧民H会对政府的确界不予认同，也因此根本不予理会政府。虽然据笔者进一步了解，该案中牧民H并没有法律上予以认可的争议草地使用权，也与被争议草地的实际使用权人之间并不存在合作生产关系，但这块牧场在划界承包前，确实属于他家经常放牧的场所，而且，他的家也就住在附近。H及其家人也始终认为这块草地属于他家，使得依照政府确界得到承包权的牧户无法真正使用这块草地，双方之间也一直因此而存在矛盾。在该风电项目的征地补偿款发放中，补偿费依照承包经营权的确权登记发放，这才引起了牧民H的不断阻挠施工。显然，当地政府是了解这些现实情况的，他们完全能理解牧民的行为动因及背后的影响因素。面对促进企业项目落地，实现固定资产投资增长的政绩要求，他们会在项目前期不辞辛苦，反复下沉去嘎查做工作，缓和企业与牧民之间的对立。但在案例2中，面对牧民H这种历史遗留问题，政府并未依法有效处

---

① 胡敬萍. 中国嵌入式草场产权制度安排的影响和出路 [J]. 民族社会学研究通讯，2016：213.

理①。在实现项目落地、开始正式建设施工之后，因为企业的项目已经不可能再轻易改投别的地方，所以，政府会选择性地忽略企业多次向政府发出的协助解决请求，对施工中的牧民 H 的阻工行为始终没有积极介入，而是留给企业自行解决。这个案件在笔者的调研期内始终没有解决。

当前，征地补偿纠纷正呈愈演愈烈之势。笔者与某风电公司建设工程部赵姓工作人员的访谈中，也涉及了此类问题的讨论。

笔者：您在西蒙这边工作多久了？

赵某：我这几年一直在锡林郭勒盟这边。

笔者：您的工作难度大吗？

赵某：前些年还好，近些年牧民的要求越来越高，越来越难做。

笔者：您能详细谈谈吗？

赵某：以前吧，我们在征地中遇到困难，或项目建设中遇到障碍，都可以向政府寻求帮助，政府会很快帮助解决。但近些年来，我们的征地难度越来越大，牧民越来越不好安抚。不仅征地补偿费用支出不断增加，施工过程中的阻力也越来越大。

笔者：那您自己在工作中有遇到当地居民拒绝配合，阻挠施工的情况吗？

---

① 《内蒙古草原管理条例》第 13 条第 2 款规定：在草原权属争议解决前，不得在有争议的地区进行下列活动：……（三）改变草原利用现状；（四）对有争议的草原发放权属证书。

赵某：怎么会没有？阻挠施工的情况，其实很常见，现在大多数人都知道风电项目是对环境大有益处的，会理解支持我们的工作。但也总会有一些闹事的，有时候可能是我们前期工作中的疏漏，有时候也可能是第三方的问题，但麻烦不大的话，我们一般会适当让步，给点钱就能解决。我们一般在工程费用中就有这方面的预算。

笔者：我听到您刚才用了"一般情况下"这样的限定，还有更为棘手的情况吗？

赵某：有些情况真的让人非常无奈。比如，我们为了工作效率考虑，往往会在基础施工完成后，等几十台风机塔筒、风叶都运到现场后，统一组织机械进行吊装。有的居民阻挠施工就会选择在一切准备工作就绪，开始吊装的时候，突然跑过来一群人，围着不让动工。

笔者：那这种情况怎么办？你们得求助公权力吧？

赵某：这种时候，求助110，根本解决不了问题。当前政府人力有限，是很难再派出人手到现场及时调解或裁决的，往往只能是由企业自己支付额外的费用私了。走司法程序更麻烦，从上交立案材料到确定开庭日期，都是企业无法承受的等待，更何况还有整个庭审过程的时间消耗，我们根本等不起。仅我们十几台大型吊装机械停摆在那里，每天的损失都是很大的。[1]

---

[1] 访谈时间：2017年9月6日，访谈地点：锡林郭勒盟发改委大楼前。

由此可见，风电项目建设中的阻挠施工行为，有的已经开始策略性地选择和实施了。选择在施工的关键环节进行围阻，当地居民往往能抢占先机，加大己方的谈判筹码。企业这边也会出于将损失降至最小化的考虑，放低身段，和解了事。但这种私了行为会形成非常负面的影响，导致更多变相的勒索行为发生。赵某告诉笔者的下述现象十分令人忧虑。

> 我们已经有一些风电场在建设过程中，碰到有组织的阻挠施工问题。组织者给村民每人每天500元，这些人只管围着机械不给开工就行，这对当地牧民来说，算很高的收入，所以很容易就能被组织起来实施围堵施工。①

敢于开出"工资"高薪聘用人员围阻施工，说明"勒索"的结果给予组织者的现实回报会更为丰厚。赵某所说的这种情况事实上已经由维权逐渐演变成了一种变相的勒索，若放任这种情形继续发生，不仅给具体的风电项目造成损失，而且会给社会风气造成严重的负面影响。可见，必须尽快修复制度漏洞，对此类现象予以有效规制。

### 三、缓和牧企冲突的地方实践

为了缓和风电企业与当地农牧民之间的冲突，内蒙古地方政府

---

① 访谈时间：2017年9月6日，访谈地点：锡林郭勒盟发改委大楼前。

的应对策略是从"企业社会责任"① 这一法律规定上下功夫。为此,内蒙古自治区政府出台专项政策,企图通过农牧企联合方式,改善"农牧民在利益分配中缺少话语权",保障"农牧民合理分享产业利润效益"②,进而达到缓和牧企冲突的目的。遵循这一指导精神,A 旗规定,在当地投资的风电企业通过企业捐赠的方式对当地扶贫工作予以支持。详细情况见 2016 年 6 月 6 日制成的某风电公司与 A 旗政府之间的扶贫协议。

## 协议书③

甲方:A 旗人民政府

乙方:某风力发电有限公司

1. A 旗贫困情况现状:A 旗是自治区级贫困旗,全旗 7 个苏木镇的 71 个嘎查中有 15 个贫困嘎查,现剩余建档立卡贫困人口 234 户 623 人,其中国家建档立卡贫困人口 187 户 487 人、盟内建档立卡贫困人口 47 户 136 人。

2. 到 2016 年年底实现现有贫困人口全部脱贫,并摘掉自治区贫困帽子,有 200 户贫困牧户需要进行产业扶持,预计缺口资金为壹仟伍佰万元。

---

① 《中华人民共和国公司法》第 5 条第 1 款规定:公司从事经营活动,必须遵守法律、行政法规、遵守社会公德、商业道德,诚实守信,接受政府和社会公众的监督,承担社会责任。
② 内蒙古自治区人民政府. 内蒙古自治区人民政府关于进一步完善农(牧)企利益联结机制的意见 [EB/OL]. 内蒙古自治区人民政府门房网站,2017 - 06 - 25.
③ 这份合同是笔者在 A 旗调研时,从当地发改委能源管理部门所获。

3. 甲方承诺乙方在 A 旗一期建设 40 万千瓦风电及 5 万千瓦光伏的风光同场发电项目，确保该项目接入特高压交流外送通道。后续根据双方实际情况支持乙方适时开展二期风电场建设。甲方对乙方项目推进予以大力支持，协调相关部门推动乙方工作。

4. 经乙方积极申请，甲方同意接受乙方无偿资助扶贫资金壹仟伍佰万元，乙方承诺在签订本协议后，一周内捐助扶贫资金壹仟伍佰万元，且一次性全部到位。

5. 甲方将乙方捐助的扶贫资金直接用于 2016 年脱贫攻坚工作，234 户一对一包扶领导分别负责分配到户的捐助资金管理并负责按期收回。

6. 脱贫攻坚工作结束后，以上资助资金将作为旗内扶贫基金专项使用，要在旗扶贫办设专户，专款专用，严格按照扶贫资金管理有关规定进行管理。

本协议一式四份，自签订之日起生效。

甲方（签章）：　　　　　　　　乙方（签章）：
　年　　月　　日　　　　　　　　年　　月　　日

表面看，这份协议属于企业与政府之间的自由协定，表现了企业对当地扶贫事业的支持，并谈不上回馈和分利，因为当时，协议中的某风电公司尚未在当地建设运营风电项目。但事实上，这份协议恰恰是以企业表面上的大方捐赠为条件，帮助企业撬开当地风电项目政府管制的钥匙。换句话说，企业未必慷慨，这可能仅仅是企业为了获得项目许可而为的一种变相"贿赂"行为，或者是在被

## 第二章　A旗风能资源开发利用的实证研究

"勒索"情况下的一种权宜行为。但无论哪一种，事实上都不符合公平正义的法治原则。第一，虽然法律规定了公司的"社会责任"，但从条文设计来看，该责任的履行应该是在企业守法经营、承担法定义务（如纳税、服从行政监管）和法律责任（如履约责任、侵权赔偿责任等）之外，额外承担的一种社会服务。也就说，"公司承担社会责任，必须是无法通过法律形式来要求履行的责任"[①]。风电项目遭遇的社区阻力却是源于风电项目建设运营中对当地居民合法权益的侵害，双方之间的法律关系属性应该属于侵权纠纷（具体的论述见下文）。对于尚未落地的风电项目的阻挠，也正是源于当地居民对可能产生的损害得不到合理修复的担忧。第二，这种社会责任的承担，与企业自主经营权的法律精神相悖。企业作为独立的市场主体，本身承担着诸多公共服务。比如，供养员工、通过纳税向社会分利、通过经营活动对产业链上其他企业和消费者做出贡献，等等。企业追逐利润的过程也是分享利益的过程，现代社会正是通过鼓励企业的逐利行为，才能使公众与相关利益主体从中获取更多的利益。因此，世界各国纷纷立法维护企业的经营自主权，尽量避免政府和公众对企业生产经营活动的干预。对企业附加更多的责任，结果只会"羊毛出在羊身上"，由前述的潜在受益者负担，因为"公司管理层如此紧密地与追逐利润的资本联系在一起"[②]，所以这种增加企业不合理负担的做法并不可取。

---

[①] 郑永流，朱庆育. 中国法律中的公共利益 [M]. 北京：北京大学出版社，2014：135.
[②] DODD. E. M. For Whom Are Corporate Managers Trustees [J]. Harvard Law Review. 1932 (7)：1161-1162.

## 小 结

风电是清洁能源，通过能源替代能有效降低化石燃料对大气、环境造成的破坏，并且这些年风电建设运营的成本不断降低，风电产业确实是具有良好经济收益和环境效益的绿色产业。A旗和内蒙古大多的边远地区一样，拥有丰富的风能资源，当地生态脆弱，经济发展类型严重受限，但A旗的风能资源开发利用具有种类齐全、面积巨大、意义突出的特点，考察其开发利用的法制实践，可以比较典型地反映出内蒙古风能资源开发利用中地域特性比较突出的问题所在。目前风能资源开发利用虽然取得较大的成就，但A旗作为一个牧业旗，生态环境保护和征地补偿与当地群众的切身利益关系极为密切，在实践中依然存在不利的生态影响和大量的环境破坏现象，牧企纠纷日益增多。而且随着风能资源开发利用的进一步推进，因损害当地人切身利益而导致的牧企冲突呈现出进一步加剧的趋势，这不仅不利于民族团结，还进一步对风能资源开发利用的有效推进造成极大困扰，影响到本地区的可持续发展，亟待得到有效破解。本章在介绍A旗风能资源开发利用现状（如大型风电场的规划与开发规模、小型风机的普及以及微电网项目的开展情况）的基础上，基于实证调研，对当地风能资源开发利用中存在的现实问题进行了细致描绘，并结合案例进行了必要的经济与社会分析，为下文对内蒙古风能资源开发利用法律保障机制的缺陷分析提供必要的事实基础。

第三章

# 内蒙古风能资源开发利用法律保障机制的缺陷

A旗风能资源开发利用中比较突出的生态环保问题和征地补偿引发的牧企纠纷均有一定的社会、经济与文化等因素的影响，但法律保障机制的固有缺陷是导致已有的生态与环保法律机制和征地补偿制度未能有效落实的主要原因。由于A旗具有代表性，A旗存在的问题，往往也是内蒙古风能资源开发利用中存在的典型问题。下文将从法律分析的角度对其反映出的法律保障机制之不足，从法律体系到具体制度内容，再到法律的实施机制逐一进行分析与探讨。

## 第一节 风能资源开发利用法律体系不完善

法律机制既是一个社会的整合机制，又是社会对个人的行为引导机制。一个合理的制度体系能够有效地促进个人利益的发展，从而促进整体社会利益的实现。新制度经济学的代表人物、诺贝尔经济学奖获得者道格拉斯·C.诺思认为"制度是为约束在谋求财富或本人效用最大化中个人行为而制定的一组规章、依循程序和伦理道德行为准则"[1]。从社会实践情况来看,"对经济增长起决定作用的是制度因素而非技术因素"[2]。

当前,虽然内蒙古风能资源开发利用的法律保障机制已初步形成了以《可再生能源法》为核心的风能资源开发利用法律体系,但《可再生能源法》框架性立法的思维导向决定了其大量的导向性规定必须借助具体的执行性法律文件予以执行。由于现行立法思维和技术运用均有一定的缺陷,相关法律规范间契合度不够、衔接不足,地方立法的积极性有待提升,导致现行法律体系在内容上依然有空白,再加上法律实施机制也存在不足,两者共同导致了实践中的生态与环境破坏和征地补偿纠纷。依据亚里士多德对法治的定义:首先得有良法,第二是良法得到有效遵守或执行,我们可知,针对内蒙古风能资源开发利用法律保障机制的研究,立法必然是重中之重。分析现行法律保障机制的缺陷,也得将立法的不足放在首要位置。

## 一、过多的政策性规范有损法的权威性和有效性

目前我国已经是世界风电装机容量第一的大国,作为我国的风

---

[1] 【美】道格拉斯·C.诺斯.经济史中的结构与变迁 [J].陈郁,等,译.上海:上海生活·读书·新知三联书店,上海人民出版社,1994:197-198.
[2] 徐强胜.经济法和经济秩序的建构 [M].北京:北京大学出版社,2008:81.

电装机大区，整个"三北"地区包括内蒙古在内的风电产业发展出现了诸多新问题，而解决这些问题的方案却没有多少成熟经验可供借鉴，只能摸着石头过河，以政策性规定的方式进行探索性规制。再加上我国地域辽阔，各地有各地的具体情况，国家层面的法律规则宜粗不宜细，这进一步扩大了政策性规定的适用空间。在这种情况下，《可再生能源法》坚持框架性的立法思维没有大的问题，但相关的配套规定主要以规范性文件的方式进行规范并不妥当。比如，在环境保护形势如此严峻的情况下，风电项目建设运营中的环境保护规则，依然仅仅以效力级别非常低下的政策性文件来指导规范的。

风能等可再生能源的开发利用是一个涉及多种因素的、立体而复杂的系统工程，必须从国家战略层面进行政策性的宏观引导和规范，但政策性规范的局限性决定了相关立法的及时跟进是非常必要的。一方面，由于这些规范性文件往往不设置责任条款，过于灵活的执行措施和缺少责任条款的柔性规范非常不利于法律权威的宣示和维护。实践中，由于缺少了法律责任的强制力保障，风能资源开发利用中的环保规则就成了没有牙齿的"纸老虎"。另一方面，由不同的国务院主管部门颁布的政策性规定数量众多，往往散见于各项通知之中，并且通知对象相对比较固定，也不利于公众了解遵循，又进一步降低了内蒙古风能资源开发利用法律规范的教育、引导等规范功能，削弱了其立法效用。

较之政策性规制，法律规则具有更强的操作性、适用性和强制性。① 因此，唯有通过制定或修订立法，将实践中行之有效的政策性规范用明确而规范的法律语言予以确定，通过确定法律主体、明确法律权利、法律义务与法律责任，调适和规范风能资源开发中的相关法律主体行为，才能使国家的宏观目标通过法律的强制性执行得以有效落实。

### 二、相关立法之间衔接不足导致法的执行困境

法律的体系化，必然暗含对相关法律规则之间的"融贯性"和"契合度"的基本要求。首先，法律体系内要保持大体一致的立法导向和基本原则，不能存在不相兼容的规则；其次，法律系统应该具有较强的聚合性，相关规范之间应该有机关联，并相互支持；最后，法律体系还应与外部的社会、文化和共享的价值体系具有较好的弥合性。②

可惜，内蒙古当前的风能资源开发利用法律体系看似庞大而繁荣，但体系性不强，尤其是相关立法之间的各行其是所导致的执行困境是亟待解决的重要问题。可再生能源领域授权立法导致的条文冲突与相关文件的契合度不足的情况，更是比比皆是。一般情况下可再生能源法对许多重要制度的具体内容均是采用授权立法的方式

---

① 杨解君. 面向低碳的法律调整和协同：基于应然的分析与现实的检讨 [J]. 法学评论，2014（2）.
② 〔比〕马克·范·胡克. 法律的沟通之维 [M]. 孙国东，译. 北京：法律出版社，2008：160 – 161.

## 第三章 内蒙古风能资源开发利用法律保障机制的缺陷

由国务院相关主管部门出台具体规定①。"所谓授权立法是指一个立法主体将立法权授予另一个能够承担立法责任的机关,该机关根据授权所要求进行的立法活动,即被授权机关根据授权制定有规范效力的法文件。"② 实践中,一方面,不同的政府部门往往只管辖专一的领域,从而容易出现部门规范相互之间的交叉重叠和难以避免的疏漏;另一方面,获得授权的财政部、电监会、发改委等国务院行政部门在制定相关法文件的时候,并没有合理有效的机制限制其维护本部门利益的强烈倾向。因此,常常导致相关部门规范之间各行其是、存在冲突矛盾,由于这些部门规范之间相互配合补足性较差,增加了实践中的执行难度。

相关立法之间的不衔接非常典型地体现在可再生能源法与环境保护法等环境与资源立法之间的配合不足,并由此而导致了风能资源开发利用中的生态与环境破坏。可再生能源法作为规范和引导风能等可再生能源良性发展的核心立法,至今依然未改变 2005 年版

---

① 《中华人民共和国可再生能源法》修正案第六条"国务院能源主管部门负责组织和协调全国可再生能源资源的调查,并会同国务院有关部门组织制定资源调查的技术规范";第十四条"国务院能源主管部门会同国家电力监管机构和国务院财政部门,按照全国可再生能源开发利用规划,确定在规划期内应当达到的可再生能源发电量占全部发电量的比重,制定电网企业优先调度和全额收购可再生能源发电的具体办法,并由国务院能源主管部门会同国家电力监管机构在年度中督促落实";第十九条"可再生能源发电项目的上网电价,由国务院价格主管部门根据不同类型可再生能源发电的特点和不同地区的情况,按照有利于促进可再生能源开发利用和经济合理的原则确定,并根据可再生能源开发利用技术的发展适时调整";第二十四条"可再生能源发展基金征收使用管理的具体办法,由国务院财政部门会同国务院能源、价格主管部门制定";第二十六条"国家对列入可再生能源产业发展指导目录的项目给予税收优惠。具体办法由国务院规定"。

② 陈伯礼. 授权立法研究[M]. 北京:法律出版社,2000:14.

本着重于促进可再生能源的开发利用,而忽略生态环境保护的立法旨趣,① 具体的法律条款中几乎完全忽视了对风能资源开发利用中的生态环境保护的现实需求,对其与环保类相关立法的衔接问题也没有明示,并未对风能等可再生能源发展中的生态环境问题的一般性规定明确其适用环境保护法等环境资源法的相关规定。风能作为可再生能源相对传统化石能源来说属于清洁能源,但是如前所述其开发利用中的电力设施建设、运营和电力输、配、送中,仍可能会带来诸如水土流失、噪声污染、电磁辐射污染等生态环境问题,存在对局部甚至较大范围的生态影响。现行环境保护法中对可再生能源的规定也仅有宣示性条款,即国家鼓励风能等新能源发展以缓解环境污染问题,却缺乏环境保护的实质性条款内容,这在很大程度上影响了下位的配套规定忽略环境保护的立法取向,这是实践中开发混乱和无序,造成环境污染和生态破坏的首要原因。

### 三、地方立法不足降低了法的适应性

内蒙古风能资源开发利用的法律体系是由国家层面主导制定,各级政府逐级配合制定相应的配套规则或执行性规定而构成的。在

---

① 《中华人民共和国可再生能源法》第一条开宗明义:立法目的是为了"促进可再生能源的开发利用,增加能源供应,改善能源结构,保障能源安全,保护环境,实现经济社会的可持续发展",其"保护环境,促进经济社会可持续发展"的表述应理解为通过发展风电,减少化石燃料污染,从而实现社会经济的可持续发展这一目的,并未真正涉及生态环境保护。黄建初主编的《中华人民共和国可再生能源法释义》在对立法目的条文进行解读时,除了作为清洁的替代能源对生态环境有利之外,也根本没有提及对可再生能源发展中的生态环境保护需求的考虑。

这样一种立法结构中，国家层面的立法思维导向和立法技术就显得尤为重要，但是，地方如何有效细化国家的风能资源开发利用规则，进一步结合本地特点进行创造性执行也是落实国家法律制度的重要方面。

内蒙古地处边疆，有自己特殊的区情区貌，如何更好地发挥自身的风能资源禀赋优势，促进风电产业发展，在带动地区经济发展的同时将其不利影响降至最低，为当地居民增加福利，对此内蒙古自治区及其下级政府应该通过积极的地方立法予以引导和规范。《中华人民共和国宪法》第116条明确规定："民族自治地方的人民代表大会有权依照当地民族的政治、经济和文化的特点，制定自治条例和单行条例。"但可惜的是，从当前的立法情况来看，内蒙古虽然将风能资源开发利用作为本区优势产业予以重点扶持和发展，但为此而出台的法律规范非常少，只有《内蒙古风能资源开发利用管理办法》及其实施细则两个专项规范性文件，且已被废止，目前指导本区风能资源开发利用的地方性法律规范文本均是一些政策性文件。从其内容看，虽然具体的规范内容是根据内蒙古风电产业发展的阶段性问题而出台的对应措施，并且在国家的制度框架内，结合本地情况有所创新，但梳理内蒙古的风能资源开发利用的规范内容，可以明显看出，地方政府发展风电产业的热情是以GDP增长为衡量目标和实际指引的。在具体规范设置中，地方政府更多关注的是权限问题与地方财政的收益问题，规范内容主要聚集在项目审批与地方经济发展的促进方面，对于产业扶持（尤其是小风机产业）、环境保护、牧民利益的保障方面着墨不多，"坐等要靠"的现象比较突出。当然，这与我国行政管理体制有关，也与地方财政的负担能力有一定关系。

以本研究重点分析的风能资源开发利用中的环保问题为例，在内蒙古的地方性立法①中，也有针对内蒙古特殊的生态环境条件和草场资源情况，对国家环保法律制度在本地的执行做出了具体的、适应性规定，但这些一般性的环保规定如何有效落实到风电项目中去，还需要在管理思维上将风电的生态效益做正负两方面的全面考虑，从而在地方专项立法中做出明确而又有针对性的规定，以便于实践操作。可是从内蒙古地方专项立法的实践来看，虽然内蒙古早在2006年出台了地方性的《风能资源开发利用管理办法》，并在2012年出台了实施细则，但这些地方性法规范均是以产业促进和发展保障为主。近些年的政策规定以促进风电消纳为主，在生态环保方面始终关注不够。

从风电项目建设中的征地补偿立法来看，风电场建设中的生态环保问题一直被忽略，事实上，对于内蒙古这样的生态脆弱区域，发展风电对当地资源环境所造成最现实的问题就是土地资源的消耗和生态环境的损害。这对于严重依赖土地资源及其自然生态系统的农牧业经济来说，具有非常大的现实影响。内蒙古风电项目多建设在草原和荒漠地带，风电场的建设和运营对当地的环境影响并不显著，但对其生态功能影响较大。从风电项目规划期的测风、踏勘到风电场建设前期的测风、地质勘测，以及建设期的施工侵扰到和电

---

① 2012年的《内蒙古自治区水土保持工程建设管理办法》《内蒙古自治区实施〈中华人民共和国环境影响评价法〉办法》，2015年的《内蒙古自治区环境保护条例》《内蒙古自治区水土保持条例》和2016年的《内蒙古自治区基本草原保护条例》。

场运营期工作人员日常检修、维护，都会扰动周边环境，造成土地植被的退化和周边生态功能的下降。另外，由于内蒙古大多属于干旱少雨但蒸发量很大地区，生态本身十分脆弱，其生物链条短、关联性十分强，但生态破坏后的自我修复能力不高，生态修复成本昂贵，却实效不高。例如，锡林郭勒草原作为非常重要的天然草原，其局部生态是一个自成体系、微妙的整体循环系统。但风机运转中风机叶面扫风所带来的地表温度升高和干燥，进一步影响了当地的生态系统活性。一旦现有的草原生态逐步退化，以牧业为生计的蒙古族等群体之传统生活方式就会被迫中断，从而引发民族文化有效传承的断裂。因此，在征地补偿法律规则的制订中，应该考虑到因风电项目造成的当地生态功能损减所造成的实际损失给予适当补偿。

这种缺乏对现实境况进行地方立法回应的现状导致现行立法无法有效照拂和满足内蒙古当地对风能资源开发利用法律保障的实践需求。进一步发挥地方立法的积极性，为内蒙古风能资源开发利用的健康发展保驾护航，是今后应予以重视的重要方面。

总体看，现行立法不仅在文本形式上以大量的政策性规定为主，体现了立法水平的不足。从法律体系全貌来看，在整体上存在协调性欠缺、地方立法不足的问题，影响法律的有效执行。在具体规则设置上，还存在用语不严密、缺乏可操作性等弊端。比如，在现行立法中，对风电企业环保义务设置不合理，使其缺乏可执行性；对于风电规划环评中的公众参与机制，缺乏明确的实体性规定与程序性规定，使得公众参与机制流于形式，难以被有效执行。另外，由于未能及时更新风电环评中的相关技术标准并以附件形式放置在相关法律文本的末尾，不利于实践操作等。这些问题都属于立法技术问题，在近期不可能将风能资源开发利用的大部分法律问题都以专项的人大立法予以规定的情况下，亟待提升相关部门的立法水平。

## 第二节　风能资源开发利用中环境保护立法存在瑕疵

规范风能资源开发利用中的生态环保问题的，既有一般性的环境与资源保护立法，也有一些专项立法。当前，随着风能资源开发利用规模和地域的进一步扩大，政府管理层面对其开发利用中的生态环保问题也日益重视，近半年内连续颁布的若干规范性文件均有涉及风电的环保问题。

就环境保护的一般立法[①]来看，近些年随着社会发展，生态环

---

[①] 《中华人民共和国环境保护法》(2014年修订)、《中华人民共和国环境影响评价法》(2016年修订)、《中华人民共和国固体废物污染环境防治法》(2016年修订)、《中华人民共和国放射性污染防治法》(2003年颁布)、《中华人民共和国草原法》(2013年修订)、《中华人民共和国水土保持法》(2010年修订)、《水土保持补偿费征收使用管理办法》(2014年颁布)、《中华人民共和国自然保护区条例》(2011年修订)、《建设项目环境影响评价分类管理名录》(2017版)、《规划环境影响评价条例》(2017年修订)、《建设项目环境保护管理条例》(2016年修订)、《建设项目环境影响后评价管理办法》(2015年颁布)、《环境影响评价公众参与暂行办法》(2018年颁布)、《环境保护公众参与办法》(2015年颁布)、《水土保持法实施条例》(2011年修改)、《内蒙古自治区草原管理条例》(2005年1月1日起施行)、《内蒙古自治区环境保护条例》(2015年颁布)、《内蒙古自治区实施〈中华人民共和国环境影响评价法〉办法》(2012年颁布)、《内蒙古自治区基本草原保护条例》(2016年修订)、《内蒙古自治区草原管理条例实施细则》(2006年)、《关于进一步加强国家级森林公园管理的通知》(2018年1月)等。

保工作面临的严峻现实迫使中央领导层开始转变执政理念,环保立法正在朝着不断进步和完善的方向发展。2012年11月,党的十八大将生态文明作为中国特色社会主义事业的重要建设项目,做出了建设"美丽中国",实现生态文明的明确目标。十八届三中全会提出了加快生态文明制度体系的建设要求。四中全会又再次明确了环保法治的重要性。2015年,党中央和国务院联合制定了专项改革方案,对生态文明体制改革做出了总体设计。在这种背景下,为实现生态文明建设目标而启动的环保立法成了我国的立法工作重点,国家层面的环保立法驶入了历史的快速车道。目前,在国家层面的环境保护一般性立法中,除了水土保持立法、放射性污染防治立法和自然保护区立法之外,其他的环保立法都在近年内做出了修订①,占到总数的67%。在这些立法变迁中,环境影响评价制度关注度最高,现行立法不仅重视污染治理,亦逐渐重视从源头上预防环境破坏的发生概率,对社会公众的环保参与也日益重视。

环保领域一般性立法变迁,对风电建设领域也产生了一些影响,如2017年年初的"山东长岛的风机拆除事件"和2017年年底的"大唐龙感湖风电项目风机拆除事件"正是在这种背景下发生的。

当前,风电项目环境保护的专项法律规定主要有两个。一是《风电场工程建设用地和环境保护管理暂行办法》(2005)。该办法对风电场工程建设中的用地问题和环境保护问题做了专项规定,体

---

① 其中,《环境影响评价公众参与暂行办法》于2006年制定。2016年春天,环保部环境评估中心对《建设项目环境影响评价公众参与办法(征求意见稿)》公开征求意见,但暂时还未正式出台修正版。

现了节约土地资源和重视环境影响评价的立法思维导向。其中涉及环境保护的内容是第三章，共包括5条389个字，对风电工程的规划环评和项目环评做了总体要求，明确了监管机构；提出以环评结果作为风电项目审批的前置条件这一原则要求，明确了2002年《中华人民共和国环境影响评价法》出台之后，风电工程建设中实施环评制度的基本规则。该办法虽然没有规定执行环评制度的详细措施，但根据其指引，结合环评法的相关内容，对其出台后风电工程建设中的环保问题有一定的积极影响。二是《电磁辐射环境保护管理办法》（1997）。该办法要求，所有110千伏及以上输、变电系统均应执行环境影响评价文件手续，这对内蒙古风电产业的发展有重要影响。一方面，内蒙古多为大型集中式风电场，大多需要建设配套的变电站；另一方面，内蒙古的地理位置和生态脆弱性决定了其经济发展类型受限，同时，本地用电消耗量低，大量的风电需要通过高压通道输送到东南沿海或内地等用电需求量较大的地区，以帮助实现这些地区电力消耗的绿色化。变量站和高压输电设施存在较强的电磁辐射污染，所以依据《电磁辐射环境保护管理办法》对风电项目和高压通道建设实施环境影响评价，可以使得风电场的选择和高压通道的规划建设更为经济合理，使得风能资源的开发利用真正体现其环保效益、经济效益和社会效益的有机平衡。

总体看，虽然目前环境保护方面的立法进步很快，但风电产业发展中的环境保护问题尚未引起立法部门的重视，可再生能源法尚未对此进行积极回应，风电专项立法中的环保类法规范也未及时跟进修改，专项立法明显不足，内蒙古地方层面的专项立法亦是毫无建树。由于一般性立法不能有效回应风电项目建设运营中的特有问题，也无法满足内蒙古地方生态极为脆弱的现实需要，这些是导致实践中生态环境破坏问题的主要根源。现行内蒙古风电项目建设的环保法律机制存在的诸多缺陷和不足，对地方风电项目中环保制度的实际执行造成了一定的不利影响，是其运用效果不佳的重要原因。

## 一、风电专项立法中的生态环境规则有待完善

2005年8月9日颁布的《风电场工程建设用地和环境保护管理暂行办法》（以下简称"办法"）作为《中华人民共和国可再生能源法》颁布后及时发布的配套规定，全文仅有14条规定。虽然法律规范的名称命名为《风电场工程建设用地和环境保护管理暂行办法》，可在其第一条立法目的宣示中却只是强调了产业促进规范，其"促进社会经济可持续发展"的表述也应理解为通过发展风电，实现清洁电力的替代，从而实现社会与经济的可持续发展。通观"办法"全部条文，与环境保护相关的内容主要是第三章，共包括5条389个字，仅原则性地规定了环评制度在风电工程建设中的落实问题，除了第9条涉及自然保护区的严格环评外，并未强调其他生态与环境保护事项。2005年12月，国务院发布《关于落实科学发展观加强环境保护的决定》，虽明确倡导通过风能资源开发利用以应对气候变化，但并未提及风电项目中环境破坏的规制和生态环境保护措施。2006年1月5日，国家发展和改革委员会发布的《可再生能源发电有关管理规定》，在其第17条的"发电企业责任"中，明确规定发电项目建设应当"落实环境保护、生态建设、水土

保持等措施"。但作为框架性责任条款，由于并未详细规定责任的追究机制，也仅仅是一个倡导性规则而已。2011年的《风电开发建设管理暂行办法》对风电的建设规划、项目前期工作、项目的审核、竣工验收与运营监督以及法律责任均做了详细规定，但仅在建设规划部分提及了"协调好风电开发与环境保护"的倡导性规定，在项目建设的监管规则中只是提及了必要的环评手续，没有涉及更为专业细致的环保规则。风电项目的建设难免会造成环境破坏，但由于当前生态修复法律规则的不完善，导致实践中的生态修复实施困难。生态修复也是一项复杂的系统工程，尤其在内蒙古这样的生态脆弱区，实施生态修复的成本非常高昂，对此，某新能源股份有限公司内蒙古分公司有关负责人的说法在企业界比较有代表性。

在笔者与某新能源股份有限公司内蒙古分公司有关负责人的访谈中，对方明确表示：

> 依照内蒙古的气候和水土条件，生态恢复根本没法做。若真要执行相关规定，肯定是企业无法承受之重。[①]

风电专项立法缺乏针对风电产业发展中环保实践需要的具体规定，而且近年来未紧跟环保领域一般立法的步骤，根据新的立法理念及时修订、更新相关法律规则也是导致当前风电项目环保执法效果不佳的重要原因。

---

① 访谈时间：2017年9月4日，访谈地点：呼和浩特市赛罕区某公司办公室。

## 二、风电项目环境影响评价技术规范存在缺失

环境影响评价的作用主要在于帮助管理部门做出科学决策。对专项规划的制定而言，它决定了政府的某类经济与社会发展目标的现实可行性，同时也是对罔顾环评结论而实施不当决策者进行责任追究的依据；对具体项目的建设者来说，它不仅意味着项目能否获得批准落地实施，还是依据环评结论与当地政府和利害相关的居民达成生态补偿和损害赔偿的重要依据。因此，环评制度是环保领域非常重要的一项制度，其有效执行可以预防性地将经济社会发展中的环境污染与生态破坏降到最低，最大化实现人与自然的和谐共处。当前的环境影响评价法律体系中，《中华人民共和国环境保护法》第19条对环境影响评价制度做出了原则性规定。[1] 环境影响评价制度的专项立法[2]对包括风电项目规划、建设的环境影响评价均有重要的规范意义，通过新的修订有利于扭转以前过于强调风电发展中，过于侧重其"绿色正效益"，而对其在开发、利用过程中所造成的噪音、电磁辐射等污染，风电场建设中造成的水土流失、植被破坏、生物多样化破坏以及对气候要素的影响等生态环境影响

---

[1] 《中华人民共和国环境保护法》第19条规定："编制有关开发利用规划，建设对环境有影响的项目，应当依法进行环境影响评价。未依法进行环境影响评价的开发利用规划，不得组织实施；未依法进行环境影响评价的建设项目，不得开工建设。"

[2] 2009年的《规划环境影响条例》、2012年的《内蒙古自治区实施〈中华人民共和国环境影响评价法〉办法》、2015年颁布的《建设项目环境影响后评价管理办法》和新修订的《中华人民共和国环境影响评价法》《建设项目环境保护管理条例》，以及正在修订中的《环境影响公众参与暂行办法》。

的忽视。但从风电项目的环评实践来看，缺乏有效的风电项目环境影响评价机制，在很大程度上限制了环评功能的有效发挥。

(一) 缺少风电专项环评技术规范

我国目前针对有较大污染或生态影响的项目均设置了专项的环境影响评价技术规范，如化石能源开采、水电开发、钢铁、制药、农村建设、民用机场建设和城市轨道交通建设项目。可面对内蒙古等"三北"地区占据全国风电大半壁江山的陆上大规模风电项目建设，应该顾虑建设项目面对的特殊生态环境和人文环境，却并未设置环境影响评价的技术导则，这种情况大大降低了风电项目环境影响评价技术规范在当地的适用性。这表明相关管理部门依然只单纯看重风电项目无污染排放，能够保障能源结构优化以实现能源安全保障和应对气候变化这些正面积极影响，却忽视了其看起来"轻微"的环境破坏和生态影响对当地原本贫瘠的自然环境和特殊的人文环境会造成不可"轻视"的影响。

(二) 现有风电相关环评技术规范科学性不足

近些年来，随着应对气候变化和环境污染问题的形势日益严峻，我国环保领域的立法更替速度非常快，近几年近70%的环境保护一般立法已经修改，环境影响评价方面除了规划环境影响评价立法尚未修订外，其他环境影响专项立法均已进行了较大改动或者正在修改中，可是环境影响评价技术规范的更新却比较慢，尚未能跟上环保立法的进度①。这使得与风电项目环境影响密切相关的生态影响评价和噪声污染评价均不能体现出技术进步所带来的科学性，降低了风电项目援引一般规范进行环境影响评价的有效性。

实际上，这些年生态学等相关学科的理论研究进步很大，环保技术的发展也非常快，完全可以为技术规范的制定或修改提供较好的理论与技术支持。立法者应该对此予以关注，并针对社会的现实需求做出适当的立法回应。

### 三、环境影响评价公众参与机制有瑕疵

公众参与机制在环保领域的引入始于20世纪70年代。② 在环境保护中，往往会有多种利益交错其中，环境影响评价制度的一项重要功能就在于对各种利益主张的正当性进行判断，并依据现实需要和基本的法律、伦理原则进行价值衡量和取舍。因此，环境影响评价过程中，必须遵循兼容性原则，尽力对各方利益进行平衡兼顾。风电项目环境影响评价中引入公众参与机制的目的就在于让利益相关者和有关专业人士了解规划中或拟建设的风电项目，为他们提供参与评论和影响政府决策的机会，可以在满足参与者利益表达

---

① 当前，只有《环境影响评价技术导则总纲》（HJ2.1－2016）、《环境影响评价技术导则 输变电工程》（HJ24－2014）和《规划环境影响评价技术导则总纲》（HJ130－2014）和钢铁建设、地下水环境以及尾矿库环境影响评价技术导则进行了修订，其他的方面如生态影响、声环境、大气环境以及其他项目的技术导则均未及时修订。

② 1978年联合国环境规划署在其制定的环境影响评价基本程序中首次使用了公众参与这个概念。1991年，中国在亚洲基础设施投资银行提供赠款的环境影响评价培训项目中首次提及了公众参与。

的同时，有利于政府做出更为科学合理的决策，也有利于增加政府决策在社会群体中的认可度和接受度，进而获得其有效支持，使风电项目规划和建设项目得以顺利实施。

《中华人民共和国环境影响评价法》第 5 条对公众参与环境影响评价进行了宣示性规定，① 在该法的规划环评部分和建设项目环评章节也均明确规定相关规划和建设项目（依法应保密的除外），均需要接受受影响范围内公众对环评意见的建议。在具体的执行性法规②中也设置了落实的条款。但仔细梳理相关规定，在风电项目环境影响评价的实践操作中，尚有以下问题亟待解决。

（一）公众参与在风电规划的环评中地位不明确

《中华人民共和国环境影响评价法》和《规划环境影响评价条例》中对于风能资源开发利用类的专项规划，仅规定了对可能造成不良环境影响并直接涉及公众环境权益的情况才必须听取公众意见。如前所述，在当前的风电专项立法中，风电项目的环境"负效益"尚未引起正视，在这种情况下，这种模糊宽泛的规定很可能使风电项目规划环评的公众参与被忽略。

（二）参与风电工程建设项目的"公众"范围有待细化

在三部专项规范环境影响评价制度的立法③中，环境影响公众

---

① 《中华人民共和国环境影响评价法》第 5 条规定："国家鼓励有关单位、专家和公众以适当的方式参与环境影响评价。"
② 《规划环境影响评价条例》《建设项目环境保护管理条例》《环境影响评价公众参与暂行办法》。
③ 《中华人民共和国环境影响评价法》《建设项目环境保护管理条例》和《环境影响公众参与暂行办法》。

参与的条件均设置为"需要编写环境影响报告书"的建设项目。A旗所处的锡林郭勒大草原作为天然的原生草原，具有一定的保护价值。作为牧业旗县，其所属的草原也属于基本草原①。从实际情况看，内蒙古的风电场多建于草原、荒漠之上，依照现行《环境影响评价分类管理目录》中关于"生态敏感区"的界定，内蒙古5万千瓦以上的风电项目，绝大部分应该编写环境影响报告书。此类风电项目环境影响评价应该依法向公众开通参与渠道，听取公众意见。但这里的"公众参与"范围的确认有待进一步明确。一方面，5万千瓦的项目标准限定并不合理，生态敏感区所保护的要素不同，其对风电项目建设的敏感程度在实际评测中也各有侧重，并不相同，一刀切地规定为5万千瓦并不合理。现实中为规避国家级的核准权限，地方已经存在，或者还将继续存在大量的"4.95万现象"，此类风电项目的环境影响评价将因此而被降低要求，不利于当地生态环境的有效维护。另一方面，风电场建设既可能通过扰动建设区域的土壤植被，造成水土流失，降低风电场内未征地的使用价值；也可能通过影响鸟类与禽兽的活动地、栖息地选择，改变迁徙路线，从而对一定生态范围内的食物链造成破坏；还可能因为风叶的旋转引起地表温度的升高，扰动局部的气象要素流动，从而对不确定的范围内气候要素造成影响。因此，对"公众范围"不做细化，就会导致实践中公众范围的无限扩大，从而导致受实际损害威胁的公众

---

① 《中华人民共和国草原法》第42条对基本草原制度做出了界定，规定应划为基本草原的是：重要放牧场；割草地；用于畜牧业生产的人工草地、退耕还草地以及改良草地、草种基地；对调节气候、涵养水源、保持水土、防风固沙有特殊作用的草原；作为国家重点保护的野生动植物生存环境的草原……

反而丧失了实质性参与机会。

（三）公众参与程序有待完善

第一，从参与程序来看，公众参与的前提在于信息公开，可目前向公众公开的主要是环评报告的简写本，这对于参与环评的专业人士来说几乎无益于其建议的有效提出。虽然针对普通公众发放简写本有一定的意义，但真正参与到环评中的普通公众人数非常少，即便如此，那些最需要有效参与的普通公众往往也是风电项目建设对其权益影响最大的利害相关者，他们实际上更需要关注详细的评价内容，而不是概括性的说明。第二，对公众意见的采纳制度有缺陷。虽然当前确定了由规划单位和建设单位对环境影响评价质量负责，但作为批准机关，本可以在审批阶段通过一个简单的公众意见核实程序解决的问题，有可能会被拖延到实际损害后的追责阶段，虽然从责任自负的角度看没有问题，但如前文所多次强调的，生态环境的损害很多时候是一个不可逆的过程，可能"亡羊补牢"并不能实现有效补救。

## 第三节　风电项目征地补偿立法存在不足

当前风电场建设中的牧企纠纷，主要在于民众维权意识觉醒的时代背景下，不合理的征地补偿制度对当地居民利益造成了实际的侵害。

<<< 第三章 内蒙古风能资源开发利用法律保障机制的缺陷

## 一、征地补偿范围过窄

内蒙古风电产业在国家和地方多项优惠政策的扶持下，已经形成了占据我国陆上风电大半壁江山的局面。但是，因风力发电场用地的特殊性，目前执行的"点征"方式①并不符合风电项目的运作实际，不利于资源的合理保护，损害了当地农牧民的合法利益。因为风电项目以点征方式征地，只对风电场区内的永久占地和施工期的临时性用地进行征收，其利益补偿范围远远小于其实际剥夺和限制的土地承包经营权人的用益物权范围。

以某200兆瓦的风电场为例，风电场面积达到80多平方千米，但风机及箱式变电站基础用地、架空线路、升压站以及场区内的永久性道路不足0.44平方千米。临时性征用面积，如建设施工期的风机吊装场地、临时生产生活设施用地、施工期的材料及设备堆放点、直埋电缆等用地总计约为0.34平方千米。②

从以上数据可以看出，对于规模化的风电场而言，其征地范围

---

① 20世纪90年代，为支持风电产业发展，新疆国土厅在全国各省区中较早出台了针对风电场建设用地的"点征面控"扶持政策，以后逐渐得到全国性推广。这项政策规定了风电场建设用地可只征用风电机组基础、箱变、线路、道路、变电所及其他生产生活设施用地，对各台风电机组之间的广阔土地（称为风电场控制范围），风电场以"他项权利"的方式控制与占用，不列入征地面积，也无须支付征地费用。

② 数据来源：内蒙古A旗百万风千万级风电基地规划报告．

非常小。以H风电场中的某项目为例，其征地公告中表明，该项目共征收了24台风机位占用地，合计0.8214公顷，每个风机位的永久用地只有342.25平方米的塔基用地。虽然每个风机位占地面积不算太大，但风电场内各风机位之间一般都要保持约百米远距离，以保证风能资源的有效利用。这些点状分布的风机位之间的土地依然保持了原有权属关系，由其原承包经营权人行使用益物权。依照我国物权法的规定，承包经营户虽不享有土地所有权，但除却负担生态环保义务外，在其承包经营权限内尚有对其地表、地上一定空间范围的使用权。但从实际来看，承包经营权人的权能范围却遭受了诸多限制。

第一，内蒙古的风电场主要建设在草地上，也有小部分建设在耕地上。但无论哪种具体的土地类型，风电场建成后，点状分布的风机和交错纵横的场区道路必然会将土地原有的自然形态分解为支离破碎的小块。对于耕地而言，严重限制了耕地上的大型机械化操作的便利性，进而降低了耕地原有的规模化种植效益。对于草地而言，一般情况下，理论上认为风机位之间可以正常放牧和种植牧草。可是由于大型动物对风机运行中的噪音会自然回避，而且由于我国风机设备的制造水平不高，风电场的风机事故时有发生，因此，风电场内放牧的美妙图景在现实中非常少见。而将风电场区域内的剩余草场作为草库伦的话，因为扬起的草屑会对风叶造成危害，所以打草期的机械操作也实际受到限制，因此，分电场建设和运营对场区内的牧业生产造成了明显的影响。

第二，风电场及其变电站的建设和运营存在破坏生态环境的现实问题。比如，风叶旋转带来的噪音会影响区域范围内鸟类和其他大型兽类的行踪，使其改变迁徙路线或放弃风电场区域内的栖息地，这些动物的适应性改变会切断原来的食物链供应，增加草原鼠、兔等对植被的啃食，破坏草原，使得草场逐步退化，牧草质量不断降低。另外，风叶旋转扫风会增加局部地表的干燥度，进而影响植被生长，改变微生物生长环境，使得风电场区域内土地的生态功能进一步下降，生物产出量受到明显抑制，土地的生产能力和利用价值大大降低。因此，风电场建设，会使得电场范围内的剩余土地价值明显降低，十分明显地影响了土地的实际流转，侵害了土地权益人的实际利益。

第三，因临时道路建设标准普遍不高，一般 5~6 米宽的单车道多以碎石铺垫而不做表面硬化，工程建设中车辆的反复碾压，尤其是大型吊装机械"骑"路基转场，会使路面不断拓宽，对承包权人的土地造成实际侵占，并碾压、破坏其耕种的植物或牧草。在风电场运营中，一个装机容量为 200 兆瓦的风电场的场区道路就有 80 多公里，因为风电场的检修道路大多是沿用施工期的临时道路。因此，上述侵权现象在风电场的运营期也持续存在。

由于上述风电项目建设运营期发生的减损土地承包权人合法权益的行为并未在事先征得土地权益人的同意，故双方之间并不存在地役合同关系。在这种情况下，风电项目建设和运营中的上述现象不仅构成了对土地承包经营者用益物权的享有的实际障碍，实际也构成了一种以"隐性圈地"方式呈现的侵权行为。而现行相关立法中并未将这些利益损失纳入征地补偿的范围之内。

## 二、征地补偿标准的设置不科学

关于征地补偿标准，现行法律①只是做出了原则性规定，明确了由地方政府根据地方的实际情况做出具体规定。内蒙古自治区政府近些年来间断性地通过规范性文件对本辖区的征地补偿标准做出了修订。② 其中，对部分地区规定了统一年产值的征地补偿标准，而对一些重要城区和旗县，则划定了区片综合地价，并针对不同地方的农地种类，分别设定了不同的修正系数，使得自治区的耕地补偿标准更为直观、明确。具体见表3-1。

表3-1　A旗征地补偿标准③　　　　　　单位为：元/亩

| 区域区片 | 同一年产值 ||| 地类修正 ||
|---|---|---|---|---|---|
|  | 区域标准 | 倍数 | 补偿标准 | 林地修正系数 | 林地补偿标准 |
| Ⅰ | 116.71 | 30 | 3500 | 2.66 | 9310 |
| Ⅱ | 110 | 30 | 3300 | 2.83 | 9339 |
| Ⅲ | 106.67 | 30 | 3200 | 2.93 | 9376 |

注：补偿标准包括土地补偿费和安置费，不包括青苗和地上附着物补偿费

---

① 具体指《中华人民共和国宪法》《中华人民共和国物权法》《中华人民共和国土地管理法》和《中华人民共和国草原法》。
② 即《内蒙古自治区征地统一年产值标准和征地区片综合地价》的通知（内政办发〔2018〕4号）。该公告除了对原来的内蒙古自治区内的12个盟市所在地，二连浩特和满洲里两个单列市制定了征地区片综合地价外，还增加了呼和浩特市的托克托县、和林格尔县，包头市其他市辖区，乌海市其他市辖区，赤峰市元宝区以外的市辖区，通辽的霍林郭勒市，鄂尔多斯的其他市辖区和所有旗，乌兰察布的察哈尔右翼前期以及阿拉善盟的其他旗。
③ 根据《内蒙古自治区征地统一年产值标准和征地区片综合地价》的通知（内政办发〔2018〕4号）整理。

虽然自治区制定的补偿标准只是最低补偿价，在实际执行中，可以根据供需双方的协商，在此基础之上确定具体合理的补偿方案。可是，这一指导性标准依然存在问题。

### （一）不同地同价的现实有损公平

虽然在一定范围内的土地产值是相当的，但内蒙古自治区大部分地方地广人稀，每一区片的实际范围很大。大自然的鬼斧神工，使得即便在同一区片内的植被由于河流的走向、盐泡子的分布数量和生产生活的便利性也有所不同。若统一划定年产值，必然导致不同地同价等偏离实体正义的情况出现。

### （二）同地不同价引发地界纠纷

区片之间的划分不可能十分精确，尤其是基于行政划片而做出的硬性区分，会导致实践中原本互相搭界、产能相似的地块，却因所处区片不同而获得不同的补偿额度。比如，同样是一类区片，A旗的是3500元一亩，邻旗的却只有3400元一亩。由此而引发的征地补偿纠纷甚至进而引发地界纠纷，是笔者调研中听到的数量最多的征地纠纷类型。

## 三、临时征地制度的时限规定不合理

由于内蒙古地区大多干旱少雨，临时征占用地经过使用后的生态修复效果会受到使用期限和使用方式的影响，而产生不同的修复效果。现行相关立法①却并未根据风电场建设期的临时占地使用方式和使用特点，制定合理的使用期限，而是简单地规定了一刀切式的 2 年的使用上限。内蒙古草原区的风电项目的建设施工期一般为 1 年左右，2 年的使用上限过于宽松。这对于财力较强的企业而言，无益于放松了对其临时征占土地的有效管制。而不利于风电企业节约利用临时用地，也进一步增加了这些土地的生态修复难度。另外，现有的征地赔偿制度只计算使用期限，而不考虑生态恢复效果的做法，也给实际承包经营者的利益造成了现实的侵害。

### 四、征地补偿形式不利于农牧民利益保障

由于内蒙古风电场密集区主要处于边远的农牧区，当地居民接受现代教育的水平普遍不高，即使倡导就业安置，但实际可执行性差，加上受传统生活习惯影响，他们普遍难以适应现代企业管理要求。对此，笔者同 A 旗某企业主 A 的访谈中提到的现象具有一定代表性。②

笔者：咱们企业一般会雇用本地牧民做一些基建等技术要求不高的工作吗？

企业主 A：我们一般都会雇用辽宁那边过来务工的职员。

---

① 包括《中华人民共和国草原法》《内蒙古自治区草原管理条例》《内蒙古自治区基本草原保护条例》《内蒙古草原管理条例实施细则》和农业部的《草原征占用审核审批管理办法》。
② 访谈时间：2017 年 9 月 28 日，访谈地点：A 旗某风电场。

笔者：为什么？雇用本地人成本不是更低吗？

企业主A：可不是呢。我们以前在竖测风塔时雇用了几个当地牧民，听说300块钱一天，很高兴，可只干了一天就不来了。

笔者：300块一天的日薪，不少啊！

企业主A：是的，可是他们说是嫌太累了。后来我们200块就雇用到了辽宁的务工者，花费少不说，活还干得好，爬上爬下很勤快、利索。

在笔者的调研中接触到的牧民普遍过着比较闲散的生活，为人热情好客，可是大多没有理财观念，有多少花多少，没钱花就贷款消费。目前主要以货币补偿为主的征地补偿方式，对于这些牧民来说，是非常不利的。尤其是对那些全部土地或大部分土地被征收的牧民而言，他们文化程度不高，又缺乏其他的谋生技能，再加上理财意识和投资技能的匮乏，即使他们获得更多的货币补偿，这些财富分配到他们那里之后，往往会像黄粱一梦般很快消失不见，甚有可能在挥霍惯性下为其筑就更多的债务。当前，农牧业安置会因土地和草场确权的开展而增加实施难度。保险安置虽是个不错的选择，但只适合作为基础保障，无法获得更多收益。因此，要缓和牧企冲突，还需要让当地居民从风电项目获得更多的发展性收益。

## 第四节　风能资源开发利用法律
## 实施机制不完善

徒法不足以自行，内蒙古风能资源开发利用中出现的生态与环境损害现象与征地补偿纠纷所导致的牧企冲突，自然与现行相关立法的不足有关，但执法不力、守法不足和纠纷解决机制的不畅也是加剧现实问题的重要影响因素。

### 一、行政监管体制不完善

体制改革是我国当前社会改革中正在逐步推进的一项重点工作，也是最难推进的一个领域。当前，无论是风能等新能源的一般监管体制还是生态与环境保护的监管体制，均存在诸多掣肘因素，影响了其执法功能的有效发挥。

（一）风能资源开发利用的行政监管体制及其存在的问题

依照现行法规定①，国家能源局全面负责风能资源开发利用的

---

① 《中华人民共和国可再生能源法》第5条和第27条。

<<< 第三章 内蒙古风能资源开发利用法律保障机制的缺陷

行政监管①，地方的能源监管部门负责本行政区域内可再生能源开发利用管理工作，但是具体的工作开展，要由县级以上地方人民政府根据本地的实际情况决定②；其他有关行政管理部门，包括科技、农业、水利、国土资源、建设、环境保护、林业、海洋、气象等有关部门③，在各自的职责范围负责相关管理工作；国家电力监管委员会专门负责与企业的对接，并对其进行直接的监管④。表面看，上述政府及相关部门按照各自的职能分工，负责各自的风能资源开发利用监督管理工作，有统一监管，又有分工负责，形成了一个完整的监管体系。

　　中央与地方各级政府之间的风能资源开发利用监督管理权限究竟如何划分？职责如何分担？各个政府部门之间的分工负责如何协调？现行立法并没有解决这些历史遗留问题，从而导致实践中有利可图时，部门之间存在重复管理、多头管理；导致政出多门，程序复杂，企业深受其苦，管理混乱而低效，纷纷变"揽政"为"懒

---

① 国家能源局的主要职责包括：一是拟订发展规划、产业政策并组织实施，起草有关法律法规草案和规章，协调发展中的重大问题；二是负责行业管理，组织制定行业标准，监测发展情况，衔接生产建设和供需平衡，指导协调农村能源发展工作；三是负责组织推进重大设备开发，指导科技进步、成套设备的引进消化创新，组织协调相关重大示范工程和推广应用新产品、新技术、新设备；四是参与制定与相关的资源、财税、环保及应对其变化等政策，提出价格调整建议等。黄建初. 中华人民共和国可再生能源法释义 [M]. 北京：法律出版社，2010：22.
② 黄建初. 中华人民共和国可再生能源法释义 [M]. 北京：法律出版社，2010：22.
③ 黄建初. 中华人民共和国可再生能源法释义 [M]. 北京：法律出版社，2010：23.
④ 黄建初. 中华人民共和国可再生能源法释义 [M]. 北京：法律出版社，2010：87.

政"，互相推诿。因部门之间协调配合困难，导致一些重要制度的实施效果不得不大打折扣。究其原因，主要在于相关部门之间的权力分割导致的监管能力不足。另外，部门之间的职能交叉和资金分散管理，使得原本有限的财政补贴并不能发挥其应有的作用。笔者在牧区的调研中发现，有的牧户拥有不同财政补贴渠道来源的多套风电设备，并且有将设备转让谋利的情况发生。

其实，问题的最终根源还是在于缺少一个强有力的统一协调与管理的执法主体。依照可再生能源法相关规定，能源局全面负责和协调风能等可再生能源的开发利用管理工作。可现实是，经过一次次机构改革，风能等新能源开发利用的管理机构却不断被消减，国家能源局也仅属于国家发改委下属的一个局级单位，只有几十名工作人员，却承担着大量的规划、审批等管理工作。[①] 无论是从其权利能力还是从其实际的人力资源，都不可能实现对国务院各部委之间的有效协调。从地方层面看，风能资源开发利用属于技术密集型产业，目前有能力建设运营风能资源开发利用产业链的企业多是有较大资金规模和较高技术水平的大型企业，这样的企业对于地方基层政府来说，属于招商引资的大客户，基层政府的能源管理部门往往缺乏对其进行有效监管的社会勇气。

(二) 风电环保监管体制的运行困境

我国现有的环保立法基本走出了轻预先防范的末端治理误区，

---

[①] 笔者在走访内蒙古自治区发改委能源局和锡林郭勒盟发改委能源局的过程中，对他们繁忙的工作状态深有体会，事先与他们约好的访谈总会被企业来访者或其他工作所打断或推后。

开始转向源头控制和生产控制的全过程控制轨道,风电项目建设中的生态环境问题相对于其作为清洁能源所带来的巨大环境效益来说,确实比较小。在环保制度执行到位的情况下,加上环保技术的不断进步,完全有可能将这种危害降到更低。因此,当前风电场建设中的生态环境破坏现象的发生,除了立法保障工作方面仍然存不足之外,现行立法不能被有效执行也是造成风电环保困境的重要原因。从风电项目建设运营中的环保监管机关的监管能力来看,实践中,现行环保监管体制下的地方环保执法依然困难重重。

1. 社会学视野中地方政府的决策考量

作为地方管理者,为公众谋取福利是执政者获得公信力和执政口碑的必要条件。要想在群众中树立良好的政府公信力,抓住地方群众最关注的核心问题才能更有利于树立政府和执政者的良好形象。在地区间经济发展差距日益加剧的当下,中央通过财政转移支付所能提供的保障力度依然不能有效满足地方群众日益增长的生活水准要求,地方政府急于谋求本地经济发展的压力依然很大。在大多数边缘少数民族地区,经济发展类型受限,如何做大、做强本地的支柱产业,发展好区域经济往往就成了地方工作的核心。

对于内蒙古很多资源丰富却产业类型受限的地区而言,招商引资对当地的发展具有十分重要的意义。招商引资,不仅给当地的产业发展带来更多的机会,也有利于增加政府的财政收入,充实地方政府的"钱袋子"。但招商引资实际上并不容易,各地方政府间存在着强烈的竞争关系。表面看,招标过程中,地方政府对投标企业提供的项目设计、征地方案、环境影响评价等拥有选择权,但在风能资源开发利用项目的运作实践中,地方政府的选择权实际上受到严重限制。主要原因在于风电项目的开发投资成本巨大，如果地方政府所提供的投资环境没有更大的吸引力，会导致风电企业放弃本地区而转投其他地区。

在激烈竞争的局面下，地方政府为了能成功招商引资，往往会不惜牺牲部分利益为企业提供一些便利和"优惠条件"，以顺利完成招标工作。会对当地小部分人产生直接影响的环境问题和征地补偿不公的问题等，往往就成了地方政府议程表上不断推后的关注点。这是地方政府忽略生态环境问题，对环境影响评价制度执行力度较低和对征地补偿纠纷熟视无睹的根源所在。

2. 现行环境监管体制下地方环保机构的尴尬处境

国家监察、地方监管、单位负责是我国环境监管体制的基本结构。地方监管作为国家环境监管职责的具体执行者，其体制安排采用的是横向负责模式，环保机关作为一级政府部门，其财政来源受制于本级财政拨付，需要向本级人民政府负责。地方环保机构在统管本辖区环境保护工作的实践中，往往还需要国土、水利、林业、草监、交通等部门的分工协作。作为平级单位，虽然2014年修订的《中华人民共和国环境保护法》明确规定了环保部门的统一管理，但环保部门如何在有限的人力、物力支撑下有效协调相关部门，实现对环保问题的统一、有效管理，也是个问题。

实践中难度很大，尤其对于以A旗为代表的内蒙古诸多边远贫困的地方来说，矛盾尤其突出。一方面，由于特殊的地理、气候等原因，地方经济原本就不发达，基层政府财政困难，在环保执法队伍建设和执法装备购置上捉襟见肘，导致执法能力低下。另一方面，国家要求这些生态脆弱区，通过划定生态红线定，严格限制经济发展类型,生态与环境安全需求远远高于"金山银山"。这种情况下,当地环保机关的领导职位成了"定时炸弹",令人望而生畏。因为从现行环保监管体制看,环保机构对本地的生态环境承担总的监管职责,但其作为一级地方政府部门,必须接受本级政府的领导,其执法经费来源于本级财政拨付,因此,环保部门的执法活动不得不在本地经济发展需求与国家的环保优位要求之间不断摇摆,其处境和承担的角色尤为尴尬。

当前,为了解决上述困境,国家加大了对地方政府领导的环境问责力度,同时,正在逐渐试行环境监测的垂直管理,但相关实践经验依然不足,有待进一步实验完善。

### 二、公众参与执法监督的积极性有待提升

当前,内蒙古边远农牧区人才流失严重,很少有受过较好现代教育的青壮年人口愿意留守在条件艰苦的边远地区。这就导致在风能资源开发利用中,直接受影响的往往是接受现代教育不足、在与政府和企业的交涉中处于劣势地位的农牧民。在当地群众朴素的生态观念和传统文化受到冲击,或在征地补偿中感受到不公时,他们要么选择忍气吞声,要么选择暴力阻工,成为法治意识相对淡漠的人群。现有的法律制度在公众参与规则的设置和实施保障上存在的缺陷,致使有参与意愿的公众在合法权益维护和对执法行为的监督中,无法有效发挥主观能动性,这既不利于公民意识和法律意识的培养,也不利于对其自身权益的合法抗争。

## （一）公众参与征地补偿谈判的权利落实不力

依照现行法律规定①，我国的土地资源（包括耕地、草原和未利用土地等）均归属于国家所有或农牧区的集体经济组织所有。农牧民个体没有所有权，只有以户为单位的承包经营权。但我国绝大部分农用地（包括耕地和草原等）已经承包经营到户，其使用受益权归属于相应的农户或牧户。可是，我国的现行征地补偿程序的设计，却并未考虑到土地承包经营者的有效参与②。现行立法的主导思路依然是管制性思维，拥有土地审批权的土地管理政府部门代表公共利益，审核批准企业的征地需求和安置计划，并自行核定补偿标准，仅向承包经营者公告既定事实，要求其申报登记征地补偿权益。基层政府负责拟定并具体落实征地补偿方案，在这个过程中，虽然现行法律规定了应就拟定的具体征地补偿方案予以公告，听取农牧区集体经济组织和承包经营户的意见。但集体经济组织和土地

---

① 《中华人民共和国宪法》《中华人民共和国物权法》《中华人民共和国土地管理法》《中华人民共和国草原法》以及《内蒙古草原管理条例》《内蒙古草原管理实施细则》和《内蒙古基本草原保护条例》。

② 《土地管理法实施条例》第25条规定："征收土地方案经依法批准后，由被征收土地所在地的市、县人民政府组织实施，并将批准征地机关、批准文号、征收土地的用途、范围、面积以及征地补偿标准、农业人员安置办法和办理征地补偿的期限等，在被征收土地所在地的乡（镇）、村予以公告。被征收土地的所有权人、使用权人应当在公告规定的期限内，持土地权属证书到公告指定的人民政府土地行政主管部门办理征地补偿登记。市、县人民政府土地行政主管部门根据经批准的征收土地方案，会同有关部门拟订征地补偿、安置方案，在被征收土地所在地的乡（镇）、村予以公告，听取被征收土地的农村集体经济组织和农民的意见。征地补偿、安置方案报市、县人民政府批准后，由市、县人民政府土地行政主管部门组织实施。对补偿标准有争议的，由县级以上地方人民政府协调；协调不成的，由批准征收土地的人民政府裁决。征地补偿、安置争议不影响征收土地方案的实施。"

承包经营户的实际参与度非常低。一般情况下，他们只有发表意见的权利，即使对征地补偿方案仍有异议，也并不影响经批准的征地补偿方案的执行。

（二）公众参与执法监督的制度保障不足

依照现代法理，自然人法律权利的存在，不能以权利人行使权利的能力不足为由被剥夺。对其行为能力的限制，也仅以年龄和精神状况或以其他法定要素为现实考量因素。因此，即使自然人存在教育背景、语言表达能力等因素限制，其权利依然受法律保护，只有其自愿放弃权利主张的自由，而绝无被非法剥夺的理由。《中华人民共和国宪法》第 41 条[①]明确规定了公民对国家机关及其执法人员的监督权。在行政许可、行政处罚等行政执法活动中，均规定了通过听证等方式保障社会公众参与到行政执法过程中，对其行政处罚行为进行监督。在风能资源开发利用中，从风电规划到风电项目的审批许可再到风电项目的环境影响评价等环节，均应确保利益受影响范围内的社会公众的有效参与，但当前相关制度不健全，导致公众参与流于形式，大大减损了社会公众对相关执法行为的有效监督。

---

[①] 《中华人民共和国宪法》第 41 条：中华人民共和国公民对于任何国家机关和国家工作人员，有提出批评和建议的权利；对于任何国家机关和国家工作人员的违法失职行为，有向有关国家机关提出申诉、控告或者检举的权利，但是不得捏造或者歪曲事实进行诬告陷害。

### 三、纠纷解决机制存在缺陷

内蒙古风能资源富集区主要为边远贫困地区，当地普通居民的法律知识和法律意识还有待提升，但不懂法并不意味着其对公平正义缺乏感知，因此，对其合法权益的保障是内蒙古风能资源开发利用法律保障机制必须关注的主要总题。否则，若因权利救济不及时，当地群众寻求正义的"维权"方式就很容易演变成了简单粗暴的阻扰施工的行为。目前，由于上述征地补偿制度的固有缺陷，风电场建设中的农牧企纠纷日益增多，在人多地少的地方，"血债血还"的故事在很多地方风电项目建设中都曾上演。内蒙古牧区的征地补偿纠纷的处理，不仅关涉土地权益减损的公平补偿，还关涉因生计阻断而对少数民族传统文化权益的侵害补偿。因此，解决问题的路径，不仅需要通过实体法的完善，加大补偿力度和丰富利益补偿形式以保障当地居民的利益，也需要进一步提升司法救济便利性和进一步完善多元纠纷解决机制，为弱势群体打开一个探寻正义的便利之门。

当前，边远农牧区的司法配置确实难以满足风能资源开发利用中纠纷解决的现实需要。如前所述，风电场建设中施工围阻纠纷的解决有着十分紧迫的时限要求，但牧区地广人稀，司法机构往往远离风电场的施工现场，当前的司法程序很难满足及时化解企业现实困窘的需求。另外，由于牧区草场面积一般都比较大，现实中有众多牧民因缺乏权利意识而未能及时主张自己的合法权益，这种情况下，企业方不仅不主动赔付牧民损失，甚至会得寸进尺，最终招致牧民反感,并导致牧民在利益抗争中采取极端做法。因此,政府亟急需建立有效的纠纷协调机制,对牧民提供必要的谈判支持。

## 小　结

本章对以 A 旗为代表的内蒙古风能资源开发利用实践问题折射出的现行风能资源开发利用法律保障机制的缺陷进行了详细分析。一是内蒙古风能资源开发利用法律体系不健全,二是风能资源开发利用中的环保和征地补偿立法存在具体的不足,三是内蒙古风能资源开发利用法律制度的实施机制有待完善。并且,对其中的某些比较重要的细节问题进行了分析讨论,为下文的研究圈定了具体的问题域。其中,问题一是重发展轻环保的顽固思维影响和对风电清洁性的认知误区,使得现有一般性环保立法,尤其是环境影响评价法尚未对风电项目的环境影响问题做出具有针对性和实效性的具体规定。现行风电领域的环保立法依然处于滞后状态,再加上环保监管体制的固有弊端尚待根除,导致在内蒙古的风电项目规划和建设中,出现了大量的生态和环境破坏的现象,虽然某些因果关系尚待进一步地科学证实,但考虑到内蒙古特殊的气候、土壤和当地少数民族的生态文化传统,有可能因此产生难以挽回的损失。因此,相关法律制度的缺陷亟待纠正。问题二是在内蒙古风电产业发展中,风电征地纠纷日益增多,处理难度也越来越大。这些现实问题的发生,追根溯源,也是现行风能资源开发利用立法技术与立法内容的不完善所致。现行征地补偿立法不符合风电项目建设运营实际，未充分考虑当地的固有生态条件和被征地农牧民的特点，所以存在补偿范围过窄、征地补偿标准不科学、临时征地补偿时限设置不合理和征地补偿形式不利于被征地农牧民的利益保障等具体问题，实际上侵害了被征地农牧民的合法权益。另外，徒法不足以自行，内蒙古风能资源开发利用中出现的生态与环境损害现象与征地补偿纠纷所导致的牧企冲突，自然与现行相关立法的不完备有关，但执法不力、守法不足和纠纷解决机制的不畅也是加剧现实问题的重要影响因素。

# 第四章

# 国外风能资源开发利用法律保障机制的经验借鉴

西方国家经过较长时间的发展，其风能资源开发利用的技术进展很快，积累了较为丰富的法制经验，为世界范围内的风能资源开发利用后发展国家提供了诸多有效的经验借鉴。本章通过对德国、丹麦和美国风能资源开发利用法律保障机制的梳理，对其有益经验和重要的教训进行总结，以期对内蒙古风能资源开发利用法律保障机制的完善提供有用的镜鉴。

## 第一节 德国的风能资源开发利用法律保障机制

德国的国土面积仅为内蒙古的1/3，所处纬度和内蒙古相似。20世纪80年代以来，德国政府一直持续支持风能等可再生能源的发展，相关政府部门和机构分工明确，互相配合。德国联邦环境、自然保护和核安全部（BMU）专门负责环境保护，德国的经济技术部负责电力工业（包括电网）的立法工作，下辖联邦网络监管机构BNetzA，德国能源署（DENA，德国政府和金融机构各占股50%）负责可再生能源、智能能源系统的专业支持。[1]

## 一、德国风能资源开发利用法制保障机制概况

1989—1995年，BMU实施了市场刺激计划（MSP），推动建设25万KW风电机组，该计划规定给每千瓦风电提供固定电价。1991年，BMU引入了《联邦电力接入法（StrEG）》，要求电力公司购买可再生能源电力，风电电价定在民用电价的90%。2000年，通过了《可再生能源法案（EEG）》，取代《电力接入法》，成为世界上促进可再生能源发展最有效的法律政策框架[2]。之后，德国根据可再生能源发展实际情况，又分别于2004年、2009年、2012年、2014年和2017年对可再生能源法进行了比较大的修订。2010年，联邦经济技术部出台了《德国能源方案》，将可再生能源定位为德国未来能源供应的支柱，设定了积极的发展目标和切实可行的行动计划[3]。2011

---

[1] 中国华能集团公司技术经济研究院课题组. 全景式框架下可再生能源政策国别研究 [M]. 北京：中国电力出版社，2014：62 - 63.

[2] 王仲颖，任东明，秦海岩，等. 世界各国可再生能源法规政策汇编 [M]. 北京：中国经济出版社，2013：67 - 124.

[3] 设定了2050年能源发展目标和行动方案。其中，要求到2020年，可再生能源占终端能源消费总量的18%，2030年达到30%，2040年达到45%，2050年达到60%；到2020年，可再生能源发电量占总发电量的35%，2030年达到50%，2040年达到65%，2050年达到80%。提出了降低可再生能源成本，加大技术创新，鼓励自发自用，面向市场及时修正补贴制度；创造良好的融资环境，优化审批程序、提高管理效率，到2030年实现连风电装机容量达25GW；继续发展陆上风电，做好资源评价，优化审批程序的行动方案。

年联邦经济技术部发布了《德国能源转型——携带安全的、可支付的和环保的能源进入2050年报告》[1]，明确了具体落实能源方案的系列执行性规范[2]，并通过设立独立能源监管专家委员会加强能源监管体系。

## 二、《可再生能源法案》（EEG）的内容考察

《可再生能源法案》（2000）仅12条[3]，设定了可再生能源发展及规制的基本制度。2004年的修订增加了9条规定，明确界定了相关概念[4]，进一步充实完善了立法内容和法律结构。尤其在电价确定方面缩短了风电的额外奖励期限，规定新项目的年补贴逐年下降

---

[1] 该报告详尽阐述了转型需要付出的经济代价，如电网接入更多的可再生能源需要扩建、需要投资，可再生能源规模扩大、补贴费用增加需要控制建设成本，才能尽快把可再生能源推向市场，同时也客观分析了节能和提高能源效率的重要作用，以及其他替代能源和新能源技术对能源供应安全的贡献。

[2] 其中涉及风能资源开发利用的法律修订主要是《可再生能源法案》（EEG）、《电网扩建法》（NABEG）、《能源经济法修正案》、《能源和气候基金修正案》《城市和地区气候保护发展法》。另外，在风电设备方面，制定了《风电设备监测认证条例》。

[3] 第1条和第2条阐述了法律的目的和适用范围；第3条规定了电网购买可再生能源发电的义务和购电补偿的一般原则；第4~8条分别规定了购买不同可再生能源发电的补偿价格，其中第7条规定的风能发电；第9条规定了对各种可再生能源发电设备的补偿期和发电量的计算规则；第10条规定可再生能源并网成本的负担原则；第11条规定了全国平均化的方案，对电网运营商购买的可再生能源所发之电与其向最终用户提供电量之间的比值确定一个全国平均值，如果电网运营商所购可再生能源发电的量超过这个比值，则可以将超出部分卖给其他的电网运营商，直到达到平均比值；法律最后一条规定了进展报告要求，相关部门根据可再生能源的市场和成本变化，提出相应调整的政策建议。陈海君.德国的可再生能源法及其借鉴意义[J].环境科学与管理，2006，01.

[4] 对可再生能源、发电设施、发电设施经营者、投入运营、发电设施的功率、电网、电网运营商等概念的界定。

2%，较之 EEG 2000 更为合理细致。同时，为保障风电等可再生能源电力的上网，明确规定所有电网公司有责任为间歇性可再生能源电力生产提供平衡服务，并承担透明度义务。[1]

  2009 年的修正案结构更完整，采取了"部分—章—条"的结构形式，全文共 7 个部分，条文增加到了 66 条，包括 5 个附件，之后的修正案都保持了这个基本框架。法律建立了基于新增容量的固定上网电价调减机制[2]，开始出现市场化方向发展的法律引导内容[3]，同时，法律鼓励社会主体自发自用。2012 年的修正案则是进一步明确了可再生能源市场化发展的鼓励措施，完善了基于新增容量的固定上网电价调减机制[4]和社会主体自发自用的激励机制，加强了可再生能源发展的追踪报告力度[5]。

---

[1] German Bundestag. Act on granting priority to renewable energy sources (Renewable Energy Sources Act – EEG2004) [M]. Berlin: German Bundestag, 2004.

[2] 规定陆上风电场投入使用的前五年，电价将由 8.03 欧分/千瓦时上涨到 9.2 欧分/千瓦时，从第 6 年开始降到 5.02 欧分/千瓦时。若购置新风机，每年下降 1 个百分点，取消以往每年下降 2 个百分点的规定；增容改造初始奖励增加了 0.5 欧分/千瓦时，以支持风电场以旧换新。但要求必须在原行政区域内安装，运转年限至少 10 年，且新置换的风机发电能力至少为原有涡轮机的 2～5 倍。

[3] German Bundestag. Act on granting priority to renewable energy sources (Renewable Energy Sources Act – EEG2009) [M]. Berlin: German Bundestag, 2010.

[4] 对于陆上风电，首次设定了 4.87 欧分/千瓦时的基本电价，陆上风电场投入使用的前五年时间内，设定了 8.93 欧分/千瓦时的初始电价并设置了延长机制。当风电机组发电量低于参考电量的 150% 时，每低 0.75%，则延长 2 个月时间。另外设置了 0.48 欧分/千瓦时的系统服务奖励，以鼓励风电机组满足并网技术规范。同时，为了鼓励小型风电，对总装机容量不超过 50KW 的风电站，同样设定其发电量为参考电量的 60%，使得此类风电站可在整个 20 年享受较高的初始电价。

[5] 王仲颖，任东明，秦海岩，等. 世界各国可再生能源法规政策汇编 [M]. 北京：中国经济出版社，2013：67 – 124.

<<< 第四章 国外风能资源开发利用法律保障机制的经验借鉴

2014年的修正案①进一步严格控制可再生能源发电补贴，取消了陆上风电的风机升级奖励和系统服务奖励，改进了风电参考电量模型②，引入了强制直接营销和拍卖的市场整合机制。将新投产机组上网电价递减率与过去一年实际增加风电装机容量挂钩，强化了对陆上风电装机容量的增长控制。2014年修正案还有一个亮点，就是修改了对立法目的的表述③。

与2014年修正案相比，2017年1月1日起正式施行的最新修订法案（EEG 2017）正式实行可再生能源项目招标竞价机制，全面推进可再生能源发电市场化，专项补贴资金的监管框架由此出现重大变化④。通过缩减年度招标规模，以求解决德国北部地区风能

---

① Dr. Matthias Lang, Annette Lang. Overview Renewable Energy Sources Act [EB/OL]. [2018-02-19]. German Energy Blog. http：//www.germanenergyblog.de/?page_id=283.
② 改革后的风电上网电价的确定方法是：(1) 上网电价模型包括初始电价和基本电价两部分，执行期和为20年；(2) 初始电价水平将立法确定，为8.9欧分/千瓦时，执行期为投产前后5年；(3) 第6年将依据风电场投产前5年经营状况修改电价：超过参考电量的130%，初始电价立即终止；发电量低于参考电量的130%，每低0.36%，初始电价期限延长1个月；发电量低于参考电量100%时，每低0.48%，初始电价期限在前一项延长期的基础上再延长1个月；发电量低于参考点亮的80%时，初始电价将继续执行15年。
③ 2000年《可再生能源法》出台之始即将其立法目的明确表述为"为了保护气候和环境，保证能源供应和提高可再生能源对电力供应的贡献"。2004年修正案将立法目的修改为："为实现能源供给的可持续发展，在同时兼顾长期外部效应的前提下减少能源供给的国民经济成本，保护自然和环境，为避免围绕化石能源可能发生的冲突做出贡献，进一步推动可再生能源的利用和开发，特以保护气候、自然和环境为宗旨"。
④ 调整了此前实施的上网电价补贴政策（FiT），只面向新一轮竞价机制下招标成功的风电项目拨放专项补贴资金。EEG 2017明确规定，陆上风电项目的投标电价不得高于每千瓦时7欧分（约合人民币0.53元）；项目补贴执行年限为20年。B.奈德尔曼.德国《可再生能源法》(EEG 2017)陆上风电修订内容解读 [J]. 赖雅文，编译. 风能，2016，10：42-45.

147

资源开发利用中的弃风限电现象,以避免风能资源的过度开发,以及由此而引发的系列问题。① EEG 2017 引入了更先进的发电能力评估模型,统一对陆上风电实行更为精准的测算,对其中涉及的"发电量"等相关用语含义重新进行了界定。另外,本次修订版本更加注重对当地居民自主开发利用能源的鼓励,并给予其更多优待,也更进一步保持和促进产业的多样化发展。为此德国政府还制定了"当地所属能源项目"的特别条款,对居民自主经营的能源公司给予诸多优待。②

---

① EEG 2017 明确规定,2017 年至 2019 年间,德国陆上风电每年新增装机容量不超过 280 万千瓦;2020 年则每年开放 290 万千瓦的招标规模。与 EEG 2014 不同的是,EEG 2017 中规定的风电净装机总量不包含退役机组。此外,EEG 2017 制定了限制德国北部地区风电新增装机规模的相关条款,具体针对电网输送能力有限的地区,同时,明确此类地区招标规模为 2013 年和 2015 年平均新增装机规模的 58%。

② 居民自主经营的能源公司所投标价被接受的,同一招标日期内取最高价格为最终中标价格。居民所属的能源项目在开发之前,招标人必须获得土地所有者许可并取得土地使用权,并且根据《FGW e. V. 风电机组技术导则》规定进行项目发电能力评估,同时必须获得认证专家评审意见。此外,居民所属的能源项目交付期限延期 2 年,即签订合同后的第四年未并网的,需缴纳罚款。居民自主运营的能源公司,在满足以下情形时适用于上述特殊条款:(1) 公司成员至少有 10 名自然人;(2) 单个成员享有的投票权不超过 10%,自然人享有的投票权不少于 51%;(3) 享有 51% 投票权的成员,须持有当地户籍并在当地居住满一年以上;(4) 社区持股 10%,并提供相关证明文件;(5) 公司在一年内只参加过一次投标竞价,投标容量不超过 1.8 万千瓦,不得多于 6 台风电机组。WWER. Community Wind in North Rhine – Westphalia —Perspectives from State, Federal and Global Level [EB/OL]. [2018 – 02 – 19]. http://www.wwindea.org/wp-content/uploads/2018/02/CP_Study_English_reduced.pdf.

## 三、德国风能资源开发利用法律保障机制的启示

（一）科学完备的立法是风能资源开发利用健康发展的基本保障

首先，德国风能资源开发利用立法的一个突出特点是，在立法过程中，均非常强调立法的科学性。在具体的法律规则设定中，注重对现有科学发展的回应，每一个条款背后，都有具体的科学理论或技术支持，从而极大地保障了其法律规定的可操作性。以德国的《可再生能源法》为例，该法面对新能源发展中不断出现的新问题，在立法中对所涉专业概念与相关计算方法都进行了明确界定，并对可能产生理解偏差的地方进行具体说明，如对于不同发电机容量的概念、相应的计算方法都有明确界定。在确定上网电价时，确定了根据不同装机容量、投运时间和装机难度等进行细致精确的定价的机制，并明确规定了价格计算的小数点后位数。

其次，法律文本中对于法律主体的权利义务规定得十分明确。比如，在德国的《可再生能源优先法》中，相关法律主体，无论是作为监管者的政府部门，还是作为市场主体的电网运营商、发电企业等，法律均对其职责、权利和义务做出了明确的规定。[①] 德国相关立法还有一个非常显著的文本特点，就是对于实践中可能遇到的具体操作问题或者特殊情况，会在一般性的原则规定之下，予以详

---

① 蒋懿. 德国可再生能源法对我国立法的启示 [J]. 时代法学，2009，6 (7)：120.

细说明，使得相关法律主体的权利、义务一目了然，执法依据具体明了。比如，德国的《可再生能源法》不仅原则性地规定了电网运营商有义务毫不延迟地将可再生能源电力优先接入电压等级适合的电网接入点，而且在具体的操作层面，对于实践中电网运营商工作的程序和步骤，处理并网请求的时限，以及违反义务要承担的责任等都进行了十分明确而完整的规定。

反观我国的立法，可再生能源法内容过于原则，对于许多重要制度都未做详细规定，而是委托部门进行立法，可现实中掣肘于部门利益，再加上我国地域辽阔，各地方的新能源发展背景差异较大，这些授权立法也大多欠缺可操作性。因此，保障内蒙古风能资源开发利用的有效路径除了提升国家层面的立法水平之外，也可以通过地方立法予以解决法律的可操作性问题。作为民族自治地方，内蒙古可以在国家层面一般立法的指导下，结合本地情况，必要时运用自治立法权，对本地风能资源开发利用中的相关法律问题做出更具可操作性的规定。今后，在国家层面和内蒙古的地方立法中，应该坚持开门立法，广泛吸纳相关专家、学者参与立法。因为风能等能源立法涉及大量的理工学理论知识与相关技术，唯有专业人士才能更精确地了解相关问题，有利于提升立法的严谨性与科学性。同时，开门立法，听取不同的声音，也能使得法律条款设置更为精细全面。

（二）法律制度的内容必须紧密结合实际需要

德国有关风能资源开发利用的立法，都是根据产业发展动态和国家的产业发展规划，及时调整法律规范的内容。德国建立了可再生能源立法后评估制度①，制度化的评估监测机制，使得德国的法律制度修订能够及时回应社会现实需要。德国2000年颁布的《可再生能源法案》仅12条，2004修订版增加了9条，到2009年版本已经增加到66条，2014年和2017年修正案均是根据风能等可再生能源发展的成熟度而进一步做出市场化引导和规范的。

风能资源开发利用技术发展很快，风电成本不断下降，但风电产业发展面临的新问题也层出不穷，我们应该学习德国的经验，在能源基本法或可再生能源法中建立立法后追踪与评估机制，并将相应结果向社会公开，以督促法律制度的及时修订；可以使政府部门、立法机构和公众及时了解可再生能源法的执行情况，对可再生能源法的立法形成闭环管理，对涉及可再生能源发展相关重要环节与制度都做出了严谨细致的规定，使得立法始终能紧密回应社会现实，不断完善法律制度，满足实际需要。

## 第二节 丹麦的风能资源开发利用法律保障机制

丹麦是世界风电发展最快，也是最早建风力发电站的国家。

---

① 《可再生能源法》第97~98条规定联邦政府必须每四年一次编制总结报告，每年要向国会报告可再生能源发展进度。中国华能集团公司技术经济研究院课题组. 全景式框架下可再生能源政策国别研究［M］. 北京：中国电力出版社，2014：90-94.

2016年，丹麦风力发电已经能够提供超过40%的发电量[①]。丹麦风电产业获得的巨大成就与其一系列法律政策的强力保障密切相关，尤其与法律保障下全民开发的发展模式有很大关系。

### 一、丹麦风能资源开发利用法律保障机制概况

1978年，丹麦成立了风机检测项目。1979年出台了风机认证程序，同年开始实施风机投资补贴政策。1990年，固定电价政策出台。另外，丹麦政府也曾先后多次公布能源计划[②]。2004年实施的《可再生能源发电补贴》中，根据可再生能源电厂类别，分别规定了具体详细的补贴额度与补贴年限。2007年制定了《2025年丹麦能源发展战略》，并且已于2011更新为《2050年丹麦能源发展战略》[③]。为了有效执行前述战略目标，2008年颁布了《丹麦能源政策的执行协议》，并随着能源战略的修订，于2011年颁布了更新版本。2008年，制定了《促进可再生能源发展法令》，2009年1月1日正式实施，之后又于2013年进行了修订，这是丹麦风能资源开发利用中最重要的法律文件。

丹麦的《促进可再生能源发展法令》（2009）共有6个部分，

---

[①] Bp statistical review of world energy 2017 full report [R/OL]. (2017/11/08). https://www.bp.com/en/global/corporate/energy–economics/statistical–review–of–world–energy.html；
2018年中国风电行业发展现状及发展前景分析[R/OL].[2018.05.31].(2019/11/27). http://www.chyxx.com/industry/201805/645719.html.

[②] 分别为1976年、1981年、1990年、1996年、2004年。

[③] 该战略提出，到2050年，丹麦完全摆脱对化石能源的依赖，并为此制定了阶段性目标。

56条，采取"部分—具体事项—条款"的文本结构，包括一般规定部分（主要涉及立法目的①、适用范围、监管体制及相关概念界定）；风电发展促进机制；海上风电开发程序；风电并网规则及安全要求；招标的离岸风电的生产规定和电价补贴。②

## 二、完善的不动产补偿法律保障机制值得借鉴

丹麦的《可再生能源促进法》详细规定了风电场建设中所涉不动产的补偿机制，包括具体的补偿范围、明确的补偿程序以及索赔申请的费用承担等内容。2013年的《可再生能源促进法》修订案再次细化了"财产损失赔偿机制"，将风机的视觉影响、阴影闪烁及噪声影响纳入损失价值中。另外规定开发商3年内未建造风机，财产损失需重新评估。2013年的修正案还完善了投诉机制，规定当地环保组织和任何人可以以公共利益或个人利益损失的名义对涉及的环境问题进行投诉，投诉期结束后方可施工，并细化了惩罚条件。③

---

① 《促进可再生能源发展法令》第1条第1款规定："法案的目的是，根据气候、环境和宏观经济因素，通过使用可再生能源促进能源生产，从而减少对化石燃料的依赖，确保能源供应安全，减少二氧化碳及其他温室气体排放"。由此可见，丹麦《可再生能源促进法》立法的首要目的确保是能源安全，其次是应对气候变化，这与丹麦之前过度依赖能源进口的现实背景有关。
② 王仲颖，任东明，秦海岩，等.世界各国可再生能源法规政策汇编［M］.北京：中国经济出版社，2013：140－160；IEA. Energy Policy of IEA Country－Denmark［M］.Pairs：IEA，2011；Danish Parliament. Promotion of Renewable Energy Act［R］.Copenhagen：Danish Parliament，2009－01.
③ 中国华能集团公司技术经济研究院课题组.全景式框架下可再生能源政策国别研究［M］.北京：中国电力出版社，2014：150－153.

作为西方发达的资本主义国家，其土地等不动产的所有权属大多归于私人主体，依据民事平等协商、自由公平的民商事法律精神与原则就可以处理好风电项目征地补偿问题，这是很多西方国家不做专门立法的主要原因。但风电项目属于具有明显公益性的特殊项目，在防治大气污染，实现能源清洁替代的国际大环境下，风电产业的合理促进与发展保障始终是立法的重要考量要素之一。因此，丹麦采取在可再生能源基本法中对此问题进行明确规定的做法，具有一定的积极意义，实践亦表明，合理的制度规定，最大程度地鼓励了公众参与和支持风电产业发展的积极性。

### 三、合理的地方受益法律保障机制有重要的参考价值

丹麦的《可再生能源促进法》中明确规定了风电项目所在地居民的参股机制，详细规定了发电商承担的相关义务、居民参股权的享有主体，并形成了相应的社会组织——风机所有权人协会。法律还为当地的风机所有权人协会的初步调查活动设置了融资担保机制，以及提升当地景观和旅游价值的绿色机制（要求国家电网对2008年2月21日及后期并网的风机支付0.004DKK/kWh的绿色计划补贴，时限相当于并网后满负荷发电22000小时，主要用于提升当地的环境或休闲价值，以及支持当地协会的文化信息宣传活动）。[①] 2013年的《可再生能源促进法》修正案再次明确了"股份出售"的条件、程序，细化了购买权人的范围，并新增了监管条例

---

① 王仲颖，任东明，秦海岩，等. 世界各国可再生能源法规政策汇编［M］. 北京：中国经济出版社，2013：141－146.

和主要部门的职责。丹麦的这种法律保障机制不仅为当地居民找到了一条投资路径，有利于维护当地参股居民的合法利益，同时也提高了当地公众对风电项目的了解，使得风电项目更容易融入当地社区，获得公众的支持与认可。

目前，引入当地居民入股合作已经在世界很多地方的风电项目开发建设中被引入。我国的电力企业在国外投资建设的风电项目中，也有很多采用了这样的合作方式。比如，2013年龙源电力在南非中标的两个装机总容量为24.45万千瓦的风电项目，就是采用了由龙源电力作为控股股东，与项目所在地社区公司，以及南非穆利洛可再生能源公司合作开发的模式。①

### 四、科学严谨的立法技术值得学习

丹麦的风能等可再生能源法律保障机制中体现了高超的立法技术水平，其法律规则的设置，往往具体而明确、科学而严谨。比如，《可再生能源促进法》规定的国家电网公司的职责，包括：根据北欧电力交易中心电价确定市场电价格；负责受理补贴申请和发放补贴；负责风电在北欧电力市场的销售以及支付电力系统不平衡产生的相关费用。又比如，《可再生能源促进法》设置的补贴机制分为两类，一类是普通补贴，主要用于补贴装机成本；一类是拆机补贴，主要用于鼓励风机更换。但无论哪类补贴项目，均进行了非

---

① 朱怡. "一带一路"织经纬风起扬帆正当时 [N]. 中国电力报. 2018-01-16 (001).

常详尽的规则设计。对于普通补贴项目，根据风机并网时间[①]和风机功率大小确定了不同的补贴额度和补贴时限，还规定了风力发电商的协助义务。对于拆机补贴，不仅严格限定了申请者的并网时间条件和拆除期限，而且根据并网时间的不同和拟拆除的风机功率大小而确定不同的补贴额度。2013年的《可再生能源促进法》修订版再次调整了补贴标准的时间节点设置，增加了2014年1月1日及以后这样一个新节点，并对其补贴标准进行了详细规定。

## 第三节　美国的风能资源开发利用法律保障机制

美国也是风能资源开发利用发展较快的国家，形成了具有自身特点的风能资源开发利用法律保障机制。

**一、美国风能资源开发利用法律保障机制法制概况**

20世纪70年代，美国政府开始关注风电，将其纳入国家的能源发展战略，开始投资并规范风电技术的研发。1974年美国开始实

---

[①] 法令将并网时间分为4个节点：2008年2月20日、2005年1月1日、2002年12月31日和2000年1月1日，随时间段的前移而增加，以补偿前期较高的投资成本。但对于小型自发自用、余电上网的风机，无论何时并网，都确认给予"市场价格与补贴之和供给0.6DKK/kWh"电力补贴。

施风能计划①。后来为了有效应对能源危机,于1978年制定了《国家能源法》,共有5个部分,其中有2个部分涉及风能资源的开发利用。一是《公共事业监管政策法案》,之后经过了1992年、1996年两次修订,明确要求输电公司购买可再生能源电力②,对风电的发展起到了重要的促进作用。另一个是《能源税收法》,规定风电设备折旧优惠的折旧期确定为5年③,并实施投资税抵免④。1980年出台了《能源安全法》,其中就有《风能系统法案》这一专项法案。1986年公布了《税收改革法案》,将风电生产的赋税优惠期确定为风电项目在投产的前10年享受1.5美分/千瓦时的税收抵免优惠,在此基础上,2003年出台了《能源税收激励法案》,第1章便是可再生能源电力生产税收抵免规则。1990年出台的《太阳能、风能和地热能发电生产激励法案》再次明确和细化了对风能的生产激励措施。

1992年出台了《能源政策法案》,细化了对风电企业的相关激

---

① 主要内容为:评估国家的风能资源;研究风能利用中的社会和环境问题;改进风机的性能,降低造价。
② Dianne Rahm. Sustainable Energy and the States:Essays on Politics, Markets and Leadership, McFarland&Company, Inc. [J]. Publishers, 2006:7-8.
③ 之后,2005年的《能源政策法案》将微型风机的折旧期也确定为5年。
④ 根据该法,对于应用风能设备的住户,施行30%的投资税收抵免;对于安装风能设备的商户,实施10%的投资税收抵免。参见:Dianne Rahm. Sustainable Energy and the States:Essays on Politics, Markets and Leadership, McFarland & Company, Inc. [J]. Publishers, 2006:8.

励政策①。1994年成立"国家风能机构协调委员会",对风能资源开发项目进行引导和协调,着手推进风能开发的市场化。②该法又分别于2005年③和2007年④做了两次大的修订。2008年5月发布了《2030年风电占20%:提升风能对电力供应的贡献》的规划报告⑤,同年10月,通过了《能源改进及延长法案》,延迟了生产税减免政策和投资税优惠政策期限⑥。2009年政府颁布了《美国经济

---

① 在企业开始生产的10年内,对其提供的全部电能给予1.5美分/千瓦时的补贴,除了资金支持,政府也为风能项目提供技术支持,由能源部部长通过竞标方式来选定资助项目,鼓励风电技术出口,为风能等可再生能源设备提供补贴。参见:Fredric C. Mena. Green Electricity Policies in the United State: Case Study [J]. Energy Policy, 2005, 33: 2398-2410. 张勇. 能源立法中生态环境保护的制度建构 [M]. 上海:上海人民出版社 2013: 116; Joseph P. Tomain&Richard D. Cudahy. Energy Law in anutshell [J]. Thomson/West, 2004: 358-360.
② 侯佳儒. 美国可再生能源立法评介 [M]. 风能, 2010: 33.
③ 修订版细化了可再生能源资源评估的责任及资金保障条款;要求联邦政府机构使用一定比例的可再生能源;对符合条件的新能源企业的鼓励性付款方法进行了细化,明确了资金不足时的支付方法,倾斜保障风能等可再生发电设施;对可再生能源安全相关标准、认定程序等条款进行了细化;对农村和偏远社区电气化事业资助的相关规定也进行了进一步明确和细化。王仲颖,任东明,秦海岩,等. 世界各国可再生能源法规政策汇编 [M]. 北京:中国经济出版社, 2013: 529-562.
④ 本次修订案的名称叫《能源独立与安全法》,重点是针对生物燃料促进条款的进一步细化,以及对太阳能、地热能和海洋能研发与开发的规定,有关风能的规则没有改变。
⑤ 该报告作为美国风电发展的指导性文件,提出了到2030年20%的供电量来自风电的实现途径。
⑥ 法案规定,将风能的生产税收减免政策延期一年,同时,一些小型风力发电机获得了30%投资税收减免,发电能力100千瓦及以下的风力涡轮机可获得高达4000美元的投资税收减免优惠,并且规定该政策将延续到2016年。王仲颖,任东明,秦海岩,等. 世界各国可再生能源法规政策汇编 [M]. 北京:中国经济出版社, 2013: 608.

<<< 第四章 国外风能资源开发利用法律保障机制的经验借鉴

恢复和再投资法案》，取消了合格风能资产的贷款限制条件①，提高了风电的法律地位。2009年众议院通过了《美国清洁能源与安全法案》，其中一项重要内容就是通过减税措施促进可再生能源的开发利用。同年还出台了《可再生能源许可法》对风能等可再生能源的许可管理工作进行规范②。

美国的各个州根据本地的资源情况，多有制定本地区的可再生能源发展规划，很多州对风电发展也提供了许多支持政策。可再生能源发电配额制度（RPS）是美国各州最重要的监管支持政策，截至2014年9月，已有29个州、哥伦比亚特区和2个属地实施了强制性的可再生能源配额制，另有9个州和2个属地实施了不具有法

---

① 允许企业对符合条件的用于风电设备的制造、研发等的投资，按照设备费用30%给予投资税抵免，对风能等5000个项目设施采取直接付款而非税收减免形式对其进行激励。王仲颖，任东明，秦海岩，等.世界各国可再生能源法规政策汇编 [M].中国经济出版社，2013：606, 613 – 615；Max Baucus. Summary of staff Discussion Draft: Energy Tax Reform [M]. Washington：U. S. Senate Committee on Finance, 2013. 12.

② 《许可法》指导内政部长在2009—2018财政年度期间建立一个改善联邦可再生能源许可协调机制、提高可再生能源许可程序效率的试点项目。根据《可再生能源许可法》，在2009财政年度及其后每一财政年度，财政部应按以下标准分配联邦土地管理局征收的太阳能、风能租金收益：（a）50%支付给该收益来源地域内各州；（b）25%支付给该收益来源地域内各郡；（c）20%或500万美元应在2009—2018年间应留存为专项基金——可再生能源许可程序改善基金，在2019年及其后每一财政年度，20%应留存为财政部的普通基金；（d）5%应作为专项基金——"太阳能用地改良、恢复和补救基金"，用于改良和恢复用于太阳能生产的公共土地，包括相关附属设施用地，但基金总额不应超过5000万美元，超过部分应存为财政部的普通基金；用于风能发展项目的公共土地的价值，由内政部通过联邦土地管理局在该法颁布之日后确立的租赁计划来确定。美国财政部依法可授权使用或向如下机构转让上述基金：（a）鱼类与野生动物局；（b）印第安事务局；（c）林业局；（d）环境署；（e）工程师协会；（f）亚利桑那州、加利福尼亚州、内华达州和怀俄明州。参见：桑东莉.美国可再生能源立法的发展新动向 [J].郑州大学学报（哲学社会科学版），2011，1：49 – 53.

律约束力的资源目标。①

## 二、美国风能资源开发利用法律保障机制的有益启发

### （一）综合立法与专项立法相结合

美国的风能立法中既有综合性立法，如《能源政策法》通过修正条款的方式不断汇总能源法律法规，形成了对美国能源产业诸多问题的总揽式规定。但同时，针对具体行业、具体问题，也在不断出台新的专项规定。比如，为了开发风能资源，美国于 1980 年通过的《风能系统法案》。这种做法和我国的立法模式的惯例类似，可以进一步学习参考。

### （二）联邦统一立法与地方执行性立法相结合

州政府会根据联邦政府的立法导向，并结合地方具体情况做出对本州风能发展的具体的规定。同时，还有根据联邦立法的基本精神，创制本州的法律制度与政策，如一些州的"系统效益收费制"和"可再生能源设备通行权"等。联邦和州之间的风能资源立法形成了协调配套的完整体系，有利于全面保障风能资源开发利用的有效推进。中国的风能资源开发利用基础条件和美国具有一定的相似点，两个国家领土面积都很大，各个地区之间的可再生能源资源各有特点，各个地方原有的经济水平、生态环境条件各不相同，主导

---

① 中国华能集团公司技术经济研究院课题组．全景式框架下可再生能源政策国别研究［M］．北京：中国电力出版社，2014：172．

产业类型差异也较大。因此，中央层面制定的风能等可再生能源法律制度与地方的具体情况和实际利益需求并不能完全切合，因此，要完善内蒙古风能资源开发利用法律保障机制，针对内蒙古的具体情况，加强地方立法是非常重要的路径。

（三）立法内容详尽并根据时势进行调整

美国的相关立法也具有全面细致的特点。对于国家、企业和个人等不同主体的权利、义务，可再生能源相关立法中均做出了明确规定。相关规定具体明确，可操作性强。另外，美国的风能立法在坚持统筹规划、统一协调、滚动调整、分步实施的方式，渐进式地推动风能资源开发利用法律体系的形成和完善[①]。也正是这种根据新形势、新发展不断调整和修正的方式，有力地推进了风能资源开发利用实践，然后再根据实践反馈，重新修正完善现行规定，形成了一个完整的闭环式立法循环，加强了法律文本对现实需求的回应和实践中的可操作性。

### 三、美国风能资源开发利用法律保障机制的教训

美国风能资源开发利用的法制实践中，值得吸取的最大教训就是以政策性立法为主的法律保障体系缺乏稳定性。从20世纪80年代以来，美国风能等可再生能源产业经历了多次起伏，除了政治等方面的原因之外，非常重要的一个原因在于以政策规定为模板的

---

① 比如，从1978年《国家能源法》到1992年《能源政策法》、2005年《能源政策法》、2007年《能源独立和安全法》的渐进式立法。

"政策法"稳定性不够。以财政激励措施为例，每次出台的法案均只规定了很短的实施期限，虽然之后的修订多次延期了激励措施，但在每次期限届满前，基于不稳定的预期，美国风能等可再生能源产业总会发生一波又一波的震荡。这是我国的风能立法中应予以重视的问题。

由此，我们应该看到，美国虽然形成了相对完整的政策体系，但因为法律制度化的不足、政策规则稳定性的缺乏而导致其风能资源开发利用的发展历经波折，这正是我们该吸取的深刻教训。法律与政策的融合方向最终应该是政策内容的法律化，及时通过立法将相关的政策目标和相对有效的政策措施确定下来，而对风能资源的开发利用进行有效的立法规制正是德国和丹麦风能资源开发利用得到有效保障的前提。

## 小　结

德国、丹麦和美国的风能资源开发利用法律保障机制的建设均经历了一个从无到有、不断发展完善的过程。总体上，德国、丹麦和美国的风能资源开发利用法律保障机制既有共同点，也有明显的差异性。

第一，从共性看，虽然各个国家的立法形式和内容根据本国的具体国情而呈现出不同的样貌，但无一例外的是，各国均十分重视采用法律机制对风能资源开发利用提供有力保障。这些国家风能资源开发利用所取得的成绩也都离不开良好的法律机制给予的巨大保障与支撑。另外，上述各国风能资源开发利用法律保障机制所体现出的立法技术水平均优于我国，具体法律规则的设置也更为严谨科学和完备，值得我们认真学习和借鉴。在立法模式上，德国采取了以《可再生能源法》为主、以专项立法为辅的"基本法+专项法"的立法模式，形成了以能源政策性立法为基础，专项法律规定与之相配合适用的法规范体系。美国立法中，产业政策法起主导作用，但也采取了综合立法与专项立法相结合，联邦统一立法与地方执行性立法相结合的方式，综合采用产业政策法的框架思维，积极推动风能资源的开发利用[①]。第二，德国、丹麦和美国三个国家都非常重视立法对社会实践需求的及时、有效的回应。其中，丹麦政府多次修订、出台能源计划与能源战略及能源政策执行协议。根据战略需要和经验积累，丹麦在2008年出台了《促进可再生能源发展法令》这一核心法律制度，并根据2011年能源战略的调整于2013年修正了该法律制度。所以，丹麦的风能资源开发利用立法中，显现出明显的战略规划与法令协同制定的特点，法律与政策综合化的趋势也特别明显。而德国《可再生能源法》的历次修订也正是这种立法紧密结合社会实践的理念体现。

由于各国的国情不同，所面临的能源发展问题不同，各国所属法律文化传统的差异以及需要用法律手段解决的问题及其侧重点的不同，德国、丹麦和美国的风能资源开发利用法律保障机制自然会

---

[①] 如1992年《能源政策法案》、2005年《国家能源政策法案》，将政策与法律制度同时在能源政策法中予以规定，以此体现国家的产业政策导向，在一定程度上推动了美国的能源产业，包括可再生能源产业的纵深发展。

在共性的基础上，基于本国的实际情况而发展出一些不同的立法策略和技术特点，呈现出略有差异的法律内容。因此，任何时候都没有现成的国外立法可供我们照抄照搬，我们必须以内蒙古风能资源开发利用的现实条件为基础，从国家的能源战略和布局出发，综合考虑政治、经济、法律文化传统等背景因素，着手完善内蒙古风能资源开发利用的法律保障机制，否则，简单"移植"往往会因"水土不服"而无法切合实际需要，成为"空中楼台"。虽然由于国家性质的差异和国家结构的不同，上述制度经验均不能完全照搬到内蒙古风能资源的开发利用制度构建法律保障机制的完善构想之中，但它们的借鉴价值和启示意义依然是非常巨大的。

梳理各国风能资源开发利用法律保障机制的发展概况和鲜明的特点，归纳其对内蒙古风能资源开发利用法律保障机制完善的启示与借鉴意义，将为下文内蒙古风能资源开发利用法律保障机制的完善提供有益的经验支持。具体而言，本研究认为，内蒙古风能资源开发利用法律保障机制的完善，在立法技术方面，应该重点学习借鉴上述国家，尤其是德国严谨、科学的规则设置方式。在立法形式上，应该主要借鉴美国的统分结合模式，即国家层面的统一立法与地方立法相结合，综合立法与专项立法相结合，注重本国、本地的实际需要这样一种立法思路。在具体制度的完善方面，重点学习借鉴丹麦完善的不动产补偿法律机制和合理的地方受益法律保障机制。

第五章

# 内蒙古风能资源开发利用法律保障机制的完善

　　合理的风能资源开发利用法律保障机制能够有效引导相关主体的行为,促进内蒙古风能资源开发利用的健康有序发展。以 2005 年的《中华人民共和国可再生能源法》为中心,我国已经逐步形成一整套内蒙古风能资源开发利用法律保障机制,在过去十几年间所发挥的作用和取得的成绩也有目共睹,但社会实践活动是不断发展变化的,现行法律保障机制的缺陷已经逐渐显露出来,内蒙古风能资源开发利用法律保障机制必须随着实践的发展而及时合理地修订、完善。诺思指出:"制度是促进经济发展和创造财富的保证,如果社会群体发现现有制度已不能促进发展,就应当酝酿建立新制度,否则,经济就会处于停滞状态。"[1] 因此,本章将根据第二章和第三章所梳理出来的问题,在借鉴德国、丹麦和美国风能资源开发利用法律保障机制运作经验的基础上,分别从法律体系、具体的法律规则和法律实施机制的完善这三大方面逐一进行分析,提出有

---

[1] 卢现仁. 新制度经济学[M]. 武汉:武汉大学出版社,2004:152.

针对性的完善建议，并对其进行论证。

## 第一节　完善内蒙古风能资源开发利用法律体系的基本路径

内蒙古风能资源开发利用法律体系的完善，需要在国家和地方两个层面共同着力，其中，积极发挥地方立法的积极性与主动性，由地方立法机构结合本地特点进行先行尝试的立法是最主要的完善方式。具体而言，应从可再生能源法这一核心立法的思维导向的修正、法律体系的整体协调和加强地方立法这三个层面逐一进行完善。

### 一、以生态环保优位原则修订可再生能源法

所谓生态环保优位原则，即指以可持续发展为基础，以生态文明理念为核心，以维护生态和谐与环境安全为理念，用来指导立法、执法和司法活动的基本行为准则。力求在现有技术水平下，尽可能在风电产业发展和生态环境保护之间寻求最佳平衡，当两者利益比重相当时，优先考虑生态环境保护的利益需求，尽量将对生态环境的损害降至最低限度。

我国的可再生能源法作为可再生能源法律体系中的核心组成部分，在其立法目的和立法准则中缺少对风能等新能源建设中生态环

保问题的关注，这是一个非常大的缺陷，在一定意义上使其法律地位自动降级成了可再生能源促进法，难以担当可再生能源基本法的重任。通过将生态环保优位原则引入可再生能源法，实现对其立法思维的改造和立法目的的完善，将有利于其下位法整体朝向生态化方向发展。

因此，笔者建议以生态环保优位原则及时修订可再生能源法。一方面，应将生态环保优位原则作为基本原则在可再生能源法中予以宣示。另一方面，应在生态环保优位原则的指导下，修订可再生能源法的基本内容，设专章框架性地设定可再生能源规划与建设中的环保法律规则，明确可再生能源发展中的生态环保基本要求和主要的规制措施，重视以法律机制有效促进环保技术的发展与进步。将规划环评和建设项目环评等环境保护基本制度援引进来，实现可再生能源立法与环保法律制度的无缝对接。

笔者之所以选择修改可再生能源法实现与环保制度的对接，而不是单行立法，一是考虑到我国的立法体制现状和便利性，二是考虑到在能源领域的基本法能源法出台之前，可再生能源法在可再生能源领域的"基本法"地位还将在一定的时期内持续存在，即便能源法出台后，可再生能源法也依然是风能等可再生能源法律体系中的核心法，因此，上述选择与建议具有一定的合理性。

## 二、提升风能资源开发利用立法的层次

法律体系在整体上应该是相互联系、相互衔接、彼此协调的，具有一定内在逻辑性的一个完整体系。考虑到我国的立法惯例和风

能资源开发利用属于新兴领域的现实情况,建议依然采取可再生能源法和执行性立法相结合,中央立法与地方立法相结合的"两结合"模式作为内蒙古风能资源开发利用法律保障机制立法的基本模式。

前文已经述及,内蒙古风能资源开发利用法律体系中包含了大量的规章及规范性文件,而且实践运作中也主要是依据这些政策性文件来调控风能资源的开发利用行为。受限于法律效力低、规制权有限(普通的规范性文件不能设置法律责任条款,无法体现法律所内含的强制性功能)而各自为政的"部门立法"容易导致规则冲突和立法遗漏,这些规章和规范性文件很难发挥强有力的规范效力,无法满足内蒙古风能资源开发利用的现实需要。由于缺乏法律制裁的强制力保障,过多的政策性规定会降低相关法律规则的执行力度,这种现象不仅只存在于国内,美国的风能发展的起伏波折很大程度上就是要归结于其风能资源开发利用法律保障机制过于依赖灵活的政策性规定而导致的。因此,内蒙古风能资源开发利用法律保障机制的完善,必须吸取美国的教训。

为此,笔者建议加大对部门立法的审查力度,尽快依据执法效果开展立法后评估,将既有的涉及风能资源开发利用的配套性法规、规章和政策进行清理整合。对于关涉生态环保和边远少数民族地区经济利益与文化利益的相关规则,以及无法调和的部门利益冲突等问题,应尽快提升至法律或行政法规层面予以规定。另外,将涉及风能等可再生能源健康发展的一些已经比较成熟且重要的制度,如立法的定期追踪与评估制度等,吸收到可再生能源法中,予以明确、严谨、细致的具体规定,增加其可操作性。立法的具体的方式，应该根据风能等可再生能源的发展实际，仿照国外的做法，可以通过修正案的方式对可再生能源法进行修订。这种做法既可以满足现实需要，又有利于维护法律体系的相对稳定性，而且，因为修正案与法律本身的立法主体相同，法律效力相同，可以有效改变目前以规范性文件为主的内蒙古风能资源开发利用立法现状，有利于保障内蒙古风能资源开发利用的健康、有序推进。

最后，针对现行内蒙古风能资源开发利用法律制度体系的漏洞，应明确立法日程表，尽可能以法规和规章形式进行立法完善。当然，风能等可再生能源资源的开发利用带来的法律问题除了涉及环境与资源监管和民事权利保障，还会涉及财政税收激励、经济调控等各个部门法领域的问题。因此，我国其他法律领域，也需要在新法的制定与现行法的修改过程中充分考虑风能等可再生能源开发利用产生的法律问题。[1]

### 三、制定《内蒙古风能资源开发利用管理条例》

制度本身源于人的自利行为的合作，当制度不能满足于这一点时，制度就面临着变迁问题，制度变迁的实质是利益主体利益最大化的结果，是用一种制度安排去代替另一种制度安排。[2] 制度是不断变化的，风能资源开发利用的法律制度变迁也是如此，同时，诺思认为"制度在社会中具有更为基础性的作用，它们是决定长期经

---

[1] 李艳芳. 气候变化背景下的中国可再生能源法制 [J]. 政治与法律, 2010 (3).
[2] 徐强胜. 经济法和经济秩序的建构 [M]. 北京：北京大学出版社, 2008：84.

济绩效的根本因素"①。内蒙古风能资源开发利用实践中的问题表明，风电技术难度大，投入及风险较高，其发展需要大量资金的持续投入及时间和规模成本。另外，技术密集性及外部性特征，使得风电产业成为对制度支持依赖性极强的产业，单纯依靠自身发展很难克服相关的瓶颈并获得显著成效，因此，合理的法律保障机制设计对于引导风电产业的健康发展至关重要。通过国家立法与内蒙古地方立法的上下衔接、相互沟通，才有可能为内蒙古风能资源开发利用的健康、有序发展提供有力的制度保障。

当前，国家立法层面以可再生能源法为核心的风能资源开发利用法律规范，是内蒙古风能资源开发利用的主要法律依据。但风能资源及其开发建设所需环境条件的独特性和不可替代性特征决定了风能资源开发利用专项立法所面对的调整对象异质程度很高，再加上我国国土面积广阔，区域差异较大，面对风能资源开发利用人们的生活习惯和传统观念差异较大，因此根本无法找到一个适用于全国范围，并且能够得到广泛认可的具体规制模式，即便假定找到了，因为现代技术的快速发展和变化，也很难在未来长时间保持相对稳定性。内蒙古具有自己的独特风能资源条件、生态环境以及社会经济文化特点，应该针对本地风能资源开发利用的实际需求，通过积极行使地方立法权，为内蒙古风能资源开发利用提供法律保障机制。

但从内蒙古自治区的现行专项立法《内蒙古自治区气候资源开发利用管理办法》来看，其大致对风能、太阳能、地热能等做出了

---

① 〔美〕道格拉斯·C. 诺思. 制度、制度变迁与经济绩效［M］. 杭行，译. 上海：格致出版社，上海三联书店，上海人民出版社，2014：20.

统摄性规定，但大而空的立法模式导致其实际可执行性非常低。在具体的规则设置中，其既没有针对本地资源特点和生态特点做出具有针对性的执行性规定，也没有考虑到本地民族文化特点，并没有对该民族文化进行有效吸纳，对可能出现的文化冲突设定有效的协调机制。

内蒙古风能资源储量巨大，风能资源的开发利用对当地意义重大。从风电产业发展实践看，内蒙古大型风电场建设早已走在全国前列，高压输电通道的数量也傲居"三北"地区之首，其分布式风电资源开发和小型风机推广亦有着良好的现实基础。经过几十年发展，内蒙古风能资源开发利用法律保障机制的运行中已经积累了一定的经验，具备了制定地方性专项立法的知识和经验储备。

因此，笔者建议内蒙古当地对风能资源开发利用问题进行专项立法，以地方法规的形式尽快制定《内蒙古风能资源开发利用管理条例》，实现对风能资源的开发利用的有效调控和规制。在内容方面，《内蒙古风能资源开发利用管理条例》除了细化国家层面的风能资源开发利用立法及相关执行规定之外，更要在国家的法律体制框架内，对本地的风电产业的发展方向、风能资源开发利用中的生态与环境保护、当地居民的利益保障等问题先行先试，地方人大应充分发挥地方自主立法的积极性，大胆地进行法律机制与具体措施的试验和创新，探索适合当地风能资源开发利用的有效法律保障机制，进而为国家风能资源开发利用法律保障机制的完善提供有价值的实践经验。

（一）立法目标

《内蒙古风能资源开发利用管理条例》立法目标的建构，可以具体化为三点。第一，引导风能资源开发企业、政府与利害关系人之间的博弈向着有利于实现集体理性的方向发展，促使大家采取集体行动实现风能资源的可持续开发。第二，对于实践中的特定利害关系人的行为进行调整时，必须为其留下了合法的自由空间，并给予积极的保护，激励实践中的利害关系人对实施操作方式进行创新，以期为专项立法的制度创新提供启示并为专项立法规则的修订积累有益的经验[①]。如此，既可以为风能资源开发利用中的相关利害关系人提供一个可供遵循的相对稳定的行为规则，同时又可以激励他们根据风能资源地域分布和开发利用环境的异质性、多变性特点，去探索适合于当地的风能资源开发利用健康有序发展的具体规则模式。第三，准确设置风能资源开发利用中的政府角色定位。基本方向就是三个结合，即政府责任与公众参与相结合、政府主导与市场调控相结合、当前发展与长远规划相结合。第四，严格执法标准，加强对企业履行义务行为的监督。

（二）立法原则

1. 整体规划原则

第一，从必要性来看，基于可持续发展理念，风能资源的开发利用必须以合理的行政规划作为纲领性指导，内蒙古自治区拥有丰富的风能资源储备，也具有良好的风能资源开发利用的社会条件，可是盲目无序的发展不仅不利于当地风电经济的发展，也会造成一定的资源浪费和不必要的生态环境破坏，所以风能资源开发利用必

---

[①] 赵海怡. 中国文化与自然遗产专项立法的建构［D］. 济南：山东大学，2008.

须坚持整体规划原则,各级政府都有责任履行上级的整体规划。第二,从规划的内容看,应综合考虑内蒙古自治区内各区域风能资源的开发利用条件以及当地社会与经济发展现状,风能开发利用规划应该向更适合也更需要风电产业的地方倾斜。第三,从规划技术角度看,风能资源的开发利用规划既要考虑地方的资源优势,又要考虑当地的已有建设规模和生态环境的现实状况,综合考虑并决策出最佳的开发方案。另外,规划内容既要符合全局把控的需要,又要照顾实际执行的需要,各级规划应该逐级细化,重点内容应该明确翔实,以保障规划的有效落实。

2. 环境保护原则

虽然,从目前的技术发展看,风能资源的开发利用是以较小的环境代价换取更大的生态效益,但现实情况是,内蒙古风能资源比较好的地区大部分都属于经济落后、生态又极为脆弱的区域。这些地区干旱缺水的自然条件导致风电场建设中的生态恢复工程的造价成本居高不下,在陆上风电即将全面平价上网的趋势下,风能资源开发利用中的环保法律规则的执行难度将日益增大。因此,有必要在《内蒙古风能资源开发利用管理条例》中,将环境保护作为原则在法规中予以宣示,并依照地方实际,合理设置具体的环保措施及违法后果,从源头上有效解决风能资源开发利用实践中环保规范执行流于形式的执法困境。

(三) 立法方式

"经济学分析明确指出,针对市场缺陷和失灵而进行的政府干预也存在缺陷和失灵",因此,必须对政府的行为进行有效的制约和适度的矫正。"公众参与是现代民主行政的重要方式，对于提高行政决策的科学性，促进民主政治进程具有重要意义。"[①] 当前，国际社会和世界上很多国家非常重视在环境与能源立法中，积极吸纳社会公众与非政府组织参与其中，为相关的立法决策提供有益支持。通过对公众知情权和参与权的维护，有利于协调各方利益冲突，可以协助做出更为科学合理的立法决策，实现"以社会制约权力"的目的[②]，同时也有利于增强法律规范的社会认可度，有利于法律的贯彻执行。

内蒙古风能资源的开发利用问题，不仅涉及通过风电产业发展带动地区经济水平的提升，解决边远牧区生产生活用电问题，也涉及与草原文化传承间的冲突问题，因此，立法过程中的公众参与对提升法律的科学性与增强立法的可执行性具有重要影响。在《内蒙古风能资源开发利用管理条例》的制定过程中，应该认真听取农牧民、环保组织、气象专家等群体的意见和建议，实施开门立法。在具体内容的设计中，应该将公众参与作为风能资源开发利用立法的重要指导思想渗透在风能资源开发利用的立法过程中。应该通过具体法律规则的明示，确认公众参与立法的权利主体，对社会公众的参与范围以及参与方式、议事程序等也要做出明确规定。另外，具体的法律规则的设计过程中均应严格遵循利益引导和博弈的基本规则。通过保障公众有效参与立法，确保不同主体的利益表达，最终

---

① 史玉成、郭武. 境法的理念更新与制度重构 [M]. 北京：高等教育出版社，2010：66.
② 王明远. "看得见的手"为中国可再生能源产业撑起一片亮丽的天空：基于《中华人民共和国可再生能源法》的分析 [J]. 现代法学，2007 (6).

通过权衡不同利益集团的意见和社会公众的意见，做出合理的立法决策，而通过确立科学合理的法律制度来推动风能资源开发利用的有序进行，这是增强风能资源开发利用法律执行效果的重要机制之一。

## 第二节　完善内蒙古风能资源开发利用中的生态与环境保护立法

就内蒙古风能资源开发利用中生态与环境保护立法的完善而言，重点应放在具体环保规则的细化、标准制度和公众参与制度的完善三大方面。

**一、细化和完善风能资源开发利用法律制度中的环保规则**

从国家层面看，一方面，可以考虑在《可再生能源发电有关管理规定》中设专章具体规定风电等可再生能源开发利用中的生态环保规则，对可再生能源法和环境保护法等相关环境资源立法中的生态环保内容予以细化，尤其注意细化风电场建设中的环保规则，对电力设施，如变电站、高压输电通道建设中的环保规则也要予以明确。另一方面，可以考虑整合现行有关立法[1]，制定《风能资源开

---

[1] 如《风电场工程建设用地和环境保护管理暂行办法》《风电开发建设管理暂行办法》等。

发利用条例》，对陆上大型风电工程建设、分布式风电、海上风电的建设和小型风电机的推广使用事项等做出统一规定，等时机成熟，可以考虑将其上升为风能资源法。在篇章设计中，应在立法目的和立法原则中突出环保理念；总纲之外的分则内容，应根据各种风能资源开发利用的不同形式划分为四章，分别对其规划建设中的环保问题做专节规定。在具体的规则设计上，应该考虑其与能源领域上位法或其他单项立法以及环保立法的有效衔接。

从地方层面看，生态环境保护是一个地域性很强的问题，同样规模风电项目的开发建设，所引发的生态环境问题却存在着自身的潜伏变异特性。因此，风电项目中的生态环境保护要因势利导、因地制宜，大胆运用地方立法权和民族自治立法权针对本地特点进行适应性立法。对此，就地方风能资源开发利用生态环保立法而言，笔者提出以下两条建议。

第一，在内蒙古风能资源开发利用的地方专项立法中，可以设专章规定风电环保问题。在国家一般性的环境保护立法基础上，根据本地风电发展的现实情况和需要，在不低于国家环保标准的基础上，有针对性地、适应性地细化具体的执行措施，或进行适当的空白创新。值得注意的是，原则上讲，地方立法不应该无效重复上位法的有关规定，但我国的实践经验表明，在现行央地分权模式下，地方政府独特的利益需求使得地方保护依然有存留空间，而且从社会实践经验来看，地方保护主义普遍存在。"能够对地方政府工作人员，特别是基层政府工作人员的行为构成直接影响的法律文本，并非中央立法，而是地方立法，甚至是上级部门所发的规范性文件。"① 因此，将国家层面的基本环境保护制度和重要的环保规则写入地方法律规范文本也有着现实的必要性。

第二，应该进一步完善环保责任承担方式。对于未履行环评义务或者破坏环评，不遵守环评建议，风电项目违法施工等违法情形，视其损害的严重程度，针对本地的实际情况，在上位法所规定的处罚额度内进行合理的限定。对于无法修复的生态损失，在现有惩罚之外，可以借鉴《内蒙古自治区水土保持条例》，设置生态补偿款项，建立风电项目的生态补偿机制。对于环境影响评价机构和监测机构弄虚作假，从事不法行为影响环境影响评价和环境数据监测的客观性、真实性、有效性的，依据《中华人民共和国环境保护法》第65条的规定，追究环境影响评价机构、环境监测机构和相关企业之间的连带责任。

## 二、健全风电项目环境影响评价技术规范

大型风电场主要建设在"三北"生态脆弱区，以及海上将来会建立大型风电场，这些区域的风电项目建设对生态环境的侵扰不同于传统工业项目。对于内蒙古这样的少数民族地区而言，风电项目建设中的"环境"问题还涉及与少数民族的传统文化以及生计方式等人文环境的冲突问题。这些要素应该在风电连片开发区域引起必要的关注，在相应的环境影响评价技术导则中予以考虑。风电项目

---

① 吕忠梅，等. 理想与现实：中国环境侵权纠纷现状及救济机制构建 [M]. 北京：法律出版社，2011：138-140.

同时存在正面的生态效益和负面的生态效应,在进行环境影响评价时,必须对其正负两方面的生态效益均进行有效评估,在效益衡量中做出合理决策。应强调根据当地资源禀赋、地理环境特点和社会经济文化条件,适度合理地开发风能资源。

对此,笔者认为有两种完善方案可供选择。第一,针对大型风电项目建设规律和生态环境侵扰的特点,专项制定《大型风电项目环境影响评价技术导则》,对大型风电项目环境影响评价中的主要要素(应将生态影响评价作为其关注重点)及其评定方式进行明确指引。第二,及时修订《生态影响的环境影响评价技术导则》与《噪声污染环境影响评价导则》,使其根据环保法的修订和现有技术的发展而设定更为科学的环境影响评价技术导则内容,进一步丰富风能资源开发利用中的环境影响评价指导规则。

### 三、完善风能资源开发利用环境影响评价公众参与机制

良好的经济法律制度激励着个人能力的发挥,促进着整体社会经济的发展;反之,不当的经济法律制度则阻碍着个人能力发展,最终也成为整个社会经济发展的障碍。但是,这并非说个人只能被动地选择这些经济法律制度,相反,"个人自理的追求是整个社会制度创新和发展的根源"[①]。诺思(North)对制度(institutions)的解释是"制度是一个社会的博弈规则,或者更规范一点说,它们是

---

① 徐强胜. 经济法和经济秩序的建构 [M]. 北京:北京大学出版社,2008:84.

一些人为设计的、形塑人们互动关系的约束"①,"理解经济变迁过程的关键在于促进制度变迁的参与者的意向性以及他们对问题的理解"②,不同的教育文化背景、生活经历和社会身份地位,会使人对事物持有不同的看法。有效的风能资源开发利用环评法律机制的设置,也应该符合诺斯对制度的理解,应该充分体现社会中各种利益主体的"公共选择",应该取决于社会中各种利益集团的相对势力及其"合力",③ 这样才能有效遏制不当的利益介入,使环评结果更多体现出维护生态安全和环境正义的应有功能。

在实践层面,国外很多发达国家在风能资源开发利用过程中,都非常注重充分发挥社会组织与公众的作用。德国、丹麦和美国风能开发利用的成功经验之一,就是在风能资源开发利用中形成了公众理解、公众支持、公众参与、公众受益的良性循环的法律保障机制。比如,美国的得克萨斯州就在州内针对风能开发展开的"审慎民意测验"(deliberative opinion poll)④,根据公众的意见,做出相关决策。"公众参与是生态法的基本原则之一"⑤,"美国行政法认为没有听证,权力机关就不能有颁发许可证的行为"⑥。因此,完

---

① 〔美〕道格拉斯·C. 诺思. 制度、制度变迁与经济绩效[M]. 杭行,译. 上海:格致出版社,上海三联书店,上海人民出版社,2014:6.
② 〔美〕道格拉斯·C. 诺思. 制度、制度变迁与经济绩效[M]. 杭行,译. 上海:格致出版社,上海三联书店,上海人民出版社,2014:41,43.
③ 盛洪. 现代制度经济学:下卷[M]. 北京:北京大学出版社,2004:178,179.
④ Barry G. Rabe. Greenhouse&statehouse: The Evolving State Government Role in Climate Change [J]. University of Michigan, November 2002; Barry G Rabe. Race to the Top: The Expanding Role of U. S. State Renewable Portfolio Standards [J]. University of Michigan. June 2006.
⑤ 曹明德. 生态法新探[M]. 北京:人民出版社,2007:240.
⑥ 〔美〕恩斯特·盖尔霍恩,罗纳德·M. 莱文. 行政法[M]. 北京:法律出版社,2001:246.

善风电项目环境影响公众参与机制，对于内蒙古充分发挥资源优势，健康发展风电产业具有极为重要的意义。

(一) 明确公众参与风电专项规划环境影响评价的法律地位

构建风电项目建设环评中的公众参与制度的初衷就在于通过多方的互相沟通、质疑和辩论，既要避免风电发展中造成生态环境破坏，也要注意适当引导对"绿色冲突"的正确认识，避免矫枉过正。因此，笔者建议修改现行立法中关于参与专项规划环境影响评价的公众范围之限定，将其改为：对可能造成不良环境影响并涉及公众环境权益的大型风电项目规划一律引入公众参与机制，必须听取公众意见。

修改的理由在于，大型风电场的建设和运营虽然环境污染不大，但对当地生态系统有明显的影响，而良性运转的生态系统又是一个地区基础经济产出和人类生活所必须仰赖的自然馈赠。因此，生态影响不是小事，对大型风电场生态要素侵扰所引发的气候要素变动应该采取防微杜渐的必要措施，以免在不久的将来，走上同西方国家大型水电工程发展类似的老路。同时，应考虑制定风能规划环评的刚性约束制度，明确将其纳入规划部门领导者的政绩考核项目中，并制定具体的考核办法，加大考核力度，不断增强风能规划环评在综合决策中的地位，发挥其在社会经济发展中的功能。

(二) 细化风电建设项目环境影响评价的公众参与范围

环境影响评价是预防风电项目开工建设造成当地生态环境破坏不可逆转性损失的重要手段。前文已经分析，依照现行法规定，风电建设项目环境影响评价的公众参与项目仅限于在生态敏感区进行开发建设的5万千瓦以上的风电项目，这样的规定并不合理，而在《建设项目环境保护管理条例》第19条中，已经将编制环境影响报告书和环境影响报告表的建设项目均纳入了环境影响后评价的范围，这意味着这两类建设项目对生态环境的影响都是比较大的。

内蒙古的风能资源丰富区多在少数民族聚集的草原、荒漠地带，这些地区的生态环境普遍脆弱，当地民众在长期的生产生活实践中形成了有效应对当地生态系统的习惯法文化知识。这些传统知识往往教导他们顺应自然，珍惜植被和水源，禁止破土和污染。在当地发展风电项目，不仅涉及当地居民的切实经济利益、环境利益的维护，也涉及与其传统生态习惯法文化的冲突与调适。

因此，根据内蒙古风电场建设实际，笔者建议涉及生态敏感区的4.5万千瓦以上规模的风电项目，一律应开放建设项目环境影响范围内的公众参与渠道，积极听取周边公众和相关生态学、民族学和经济学等领域专业人士的意见，坚持以人为本，重视相关利害关系人的权益维护，尽量调试缓和风电项目业主与利害关系人之间的利益冲突。这样，既可以有效解决为了规避国家审批的"4.95万千瓦"项目的环境影响评价问题，又可以通过适度延伸，通过前瞻性立法，将可能出现的类似做法拒之门外。

对于参与环保的公众范围的确定机制，笔者认为，应该根据当地的实际情况。如受影响人口的民族构成、职业类型和项目所在地的生态环境特点，遵循恰当的比例原则，但必须保障当地受影响的居民代表有足够的数量代表各种利益类型的居民发表意见。另外，也必须考虑相关专家的参与和非政府环保组织的有效参与。原则上，这三类主体的参与数量分配，必须保证当地居民代表不少于三分之一。

（三）完善公众参与环境影响评价的程序性规定

第一，笔者建议根据风电项目的大小及拟建设地区的生态环境特点，初步评价其可能造成的生态损害大小，并依此确定公众参与环境影响评价信息的公开期限，可能的损害越大，环评信息的公开的期限应该越长。应该在现行立法的基础上，适当延长信息公开期限，并根据可能的环境损害大小，将信息公开期限细化为一般期限、较长的期限和最长期限三种。因为公众是否能有效参与到环境影响评价的过程中为相关决策提供有益参考，首要前提是环境影响评价信息的公开和透明。否则，缺乏对环境影响信息的全面了解，这种盲目参与就容易演化为走形式、过过场的走秀活动，抑或只是一种情绪发泄过程。因此，政府和企业都有义务和责任公开相关环境信息。尽管现行相关立法中规定了风电建设项目环境影响评价信息的公开时间及其节点、方式等，但现实中很多信息公开流于形式，使得公众参与的有效性大打折扣。

第二，完善信息公开的方式。应明确政府或企业有提供环境影响评价报告原本的义务，简写本只用做初步宣传或为通知方便而使用。这样可以方便环境影响评价参与者全面了解风电项目的实施中可能侵扰的环境要素和给周边居民可能造成的所有损害和侵扰，拟采取的预防措施、修复方案和补偿方案等，以便于环评参与者在全面了解项目的实施可能给自身带来的影响的情况下，通过权衡其中的利弊得失，做出有效决策，并督促规划者或建设者对之前的环境影响评价说明做出修改和完善。

第三，增加审批机关的核实义务。审批机关在接到环境影响评价报告书之后，除了对有疑义的项目组织专家论证之外，还应该增加其对环境影响报告书采取随机抽查的方式对公众参与情况进行核实的职责，尽可能将所有危险都遏制在萌芽状态。对于公众异议较大的项目，可以由审批机关决定进一步适当延展环评决议期限，或者再次组织相关论证，听取公众意见。经过再次论证后依然无法达成一致时，审批机关应该组织专家论证。

当然，无论是风能资源开发利用的规划环评还是具体风电项目的环境影响评价，公众参与的有效实现，除了实体法的确权和程序法上的保障之外，还要考虑内蒙古当地的普通公众的参与能力，政府应出台措施，鼓励非政府组织向当地居民提供参与环境影响评价的必要帮助。

## 第三节 完善风电项目征地补偿立法

风电场生产过程中资源消耗不多，且几乎没有污染排放，因此，风电产业具备绿色产业、阳光产业的特征，其产品具有明显的公益性。因此，风电项目受到了国家和内蒙古地方政府较多的鼓励与扶持，由于风电产业具有优化内蒙古产业结构的巨大潜力，对风电项目建设给予一定的法律政策支持是非常必要的，但促进不等于放弃对其他个体合法利益的保护。现有的产业促进机制忽视了地方居民的合法权益保障，由此引发了诸多的征地补偿纠纷，对当地和谐农牧企关系的建设非常不利。根据前文对现行风电征地补偿制度的缺陷分析，笔者建议从扩大征地补偿范围、合理设定征地补偿标准、科学设定支付规则和创新征地补偿形式四大方面对现行风电征地补偿法律规范予以完善。

### 一、扩大征地补偿面积的计算范围

风电项目的永久性占地范围（即那些使得土地的生态功能完全丧失的土地面积）和临时性占地范围已经比较大，在风电项目的实际建设和运行中，对相邻土地权益还存在多种形式的现实侵害，应该通过修订现行征地补偿相关法律规范，对风电征占用地的补偿范围进行适当扩大，以保障被征地农牧民的合法权益，减少不必要的冲突。

具体而言，应将实际受侵扰和损害的相邻土地（原设计的征占地范围外的相邻土地）计入征占地的补偿面积。完善相关法律条款中征占地的计算标准和计算方式，增加对必要的实际侵扰或损害面积的计算，并比照原设计的征占地补偿标准予以补偿。比如，对于未做硬化的路面，就应该根据当地的地质特点和实际情况，增加计算 0.5~1 米的宽度，将其列入征收征用的土地范围，并予以补偿。

### 二、合理设置征地补偿标准

具体的征地补偿费用，农牧企之间可以谈判协商。法律不宜规定得过于细致，只需将征地补偿必须考虑的要素及相关要素所对应的价值系数进行明确即可。就价值系数的合理设定，笔者认为有以下两大要素必须被立法者考量在内。

第一，对于实际征占面积的补偿标准，必须考虑征占地行为对原土地承包经营者的生计与文化影响，根据所征占的土地占农牧民承包经营面积的比例的不同而设定不同的修正系数。尤其对于文化教育水平以及谋生能力有限的牧民而言，对于征占比例比较大的牧户，必须考虑对其生计的实际影响。长期的游牧生活导致牧民融入现代工业社会的能力较低，对于因风能资源开发利用而导致其传统生计方式受影响的传统牧民，应对其文化权益的损害进行适当补偿，故生计与文化影响应该纳入修正系数设定的考量要素之中。

第二，风电场征占地的补偿标准，除了考虑地方土地产值情况和征占地行为对原土地承包经营者的生计与文化影响外，还必须考虑风电场建设对土地经营权人用益物权的实际影响。具体影响要素包括风电场建设运营中通过直接或间接的环境、生态影响而导致的未征地生态效益下降，经济产出减少和流转价值降低等方面。应该根据影响程度的大小而对上述损害确立合理的修正系数。

### 三、科学设定临时征占地补偿费用的支付规则

现行临时征占地法律规制的不合理加剧了这些地域生态环境的破坏和土地资源的浪费。对于具体法律规则的修正方式，笔者主要有以下建议。

首先，建议将临时征占地的补偿费用分为两块，基本费用和机

动性费用。依据法定征占地补偿标准确定总费用，由相关专业机构根据当地一般风电项目的平均建设周期进行核算，核定基本费用后，总费用减去基本费用之外的部分，即机动费用。基本费用应由征占地企业直接支付给原土地承包经营者，而机动费用部分则先由企业支付给当地基层政府，由其先行保管。若企业在平均建设周期内及时归还土地，则政府可将机动费用部分予以返还，反之，则将其支付给原土地承包经营者。若超过使用期限，则应规定相应的罚则，除了依据实际使用期限和法定标准补交征地补偿费用外，还可以依据其实际使用期限进行适当的惩罚。

其次，对于临时征占地的生态修复补偿金，也应参考上述规则予以修订。具体应该根据使用期限和植被修复状况，核对并适度返还已缴纳的费用。如果使用期限较短，且生态修复措施到位，修复效果良好，不仅对其预交的生态修复补偿金全部予以退还，还可以考虑给予企业一定的精神奖励，并将其计入企业的诚信目录。对于超过使用期限，以及生态修复未达标准的情况，需要根据实际情况，要求企业对原土地承包经营权人直接支付必要的损害补偿金。

实践中，在临时征地使用期满予以返还时，若企业考虑生态修复成本与预交的生态补偿金之间的价差，怠于积极履行其生态修复义务时，政府没收其预付的生态损害补偿金，并不会对企业造成实际影响。可现实的生态损害却会对被征地人的合法权益，造成现实的侵害，因此，这种情况也应该确立补偿责任追究机制。

**四、创新征地补偿形式**

内蒙古当地目前存在的普遍情况是，因为企业只需要对风机、变电站、电场道路等少量建设用地进行征用补偿,一次性征地补偿收益实际上并不是很高。从实际情况来看,每户核算下来的征地补偿费数额通常也就几千元到数万元之间,即使以后提高补偿标准,扩大补偿范围,这些补偿数额其实也是很难彻底改善被征地者的生活质量。因为这些补偿金对于大多数没有理财理念的普通牧民而言,可能不仅不能有效提高他们的生活质量,反而可能为其所害,陷入短期挥霍之后的长期穷困状态。因此,有必要考虑在现金补偿之外,创新征地补偿形式,以保障被征地农牧民长期受益。

考虑到内蒙古当地农牧民(尤其是牧民)的实际理财能力,笔者建议借鉴丹麦的社区合作社制度,建立被征地农牧民的参股合作制。"将征地补偿转换为土地使用权入股,被征地者则通过股权,获得参与风电企业日后的分红。"[①] 具体的规则设置中,不仅应对土地价值的评估机构及其评估办法、土地使用权入股的具体折算办法、参股权益人的资格、企业与参股权益任的权利义务等做出具体规定,也需要对具体的执行方式进行明确。笔者认为,参股权益人包括被征占土地的原承包经营权人以及其相邻土地的经营利益受实际影响的当地农牧民。而在资格设置中,只需要设置最低年龄限制,而不考虑文化程度、民族等条件。就执行方式而言,可根据牧民意愿,选择以土地使用权入股或者以征地补偿款折价全部或部分入股,参股者也可以根据个人情况再增加一定额度的出资。

另外,考虑到内蒙古风能资源主要集中在边远贫困地区,当地居民的收入和文化教育水平有限,可以由当地政府组织居民合作参

---

① 王楠. 内蒙古赤峰市风电产业开发负外部性利益补偿研究 [D]. 北京:中央民族大学经济学院, 2015.

股,在政府指导下,建立相应的咨询机构和代表机构,以有效维护被征地农牧民的合法权益。当然,无论如何,对于征地补偿的具体支付形式,必须充分尊重被补偿人的自由选择。

## 第四节 完善内蒙古风能资源开发利用法律实施机制

完备的立法是法治的前提,有效的执法、守法和司法是将文本里的法律规则予以落实,对社会产生实际规制、引导作用的重要路径。下文笔者分别从风能资源执法机制的完善、公众参与执法监督以及纠纷解决机制的完善三大方面提出初步构想。

### 一、完善风能资源开发利用的行政监管机制

现行风能等可再生能源监管体制的弊端在于权力分散,各部门之间不容易形成执法合力。这其中当然有风能等可再生能源开发利用特点的影响。比如,从风能的开发利用方式看,涉及并网式风力发电、分散式风力发电和独立式风力发电三种不同的方式,可以满足不同范围群体的不同需要。从风电产业运作角度看,既涉及风电产业规划,又与国家的能源安全、能源的清洁化替代目标的实现密切相关。风电场的建设运营,又不可避免涉及国土、环境、科技、电力等部门的监管。因此,在现行体制和产业发展实践中,很难建

<<< 第五章　内蒙古风能资源开发利用法律保障机制的完善

立独立的部门对风能资源开发利用实施独立监管。因此，本研究仅限于对当前内蒙古风能资源开发利用中较为突出的生态与环境监管机制的完善进行探讨。

（一）优化风能资源开发利用中的环保执法体制

"现行环境治理体制纵向上过度分权造成环境监管缺位现象，而横向上环境管理职能碎片化造成多个部门以及环境管理机构长期处于弱势地位，使环境保护工作难以落实。"①《中华人民共和国环境保护法》第 10 条②对我国的环境保护行政监管体制有相关规定。其中，国家环境保护行政主管部门，负责对全国的环境保护工作进行统一管理；地方环境保护行政主管部门，负责对本行政区域内的环境保护工作进行统一管理；其他政府部门，负责其职权范围内的环境保护工作对全国的环境保护法律的执行。可见，当前的环保监管体系是一个相对松散的结构，在实践中，也确实容易出现"九龙治水"局面，各职权机关各自为阵，相互间的推诿扯皮时有发生。环保部门虽然承担"统一负责"的职责，但面对当前的体制现状却难以有所作为，对于其他部门专注于自身主管业务，而忽视环保执法的行为，环保机关既无权进行约束，也无权代为行使相应的环保

---

① 李郁芳，康达华. 京津冀环保一体化能否引领区域治理体制创新：基于集权分权视角［J］. 社会科学前线，2016（3）.
② 《中华人民共和国环境保护法》第 10 条规定：由国家环境保护行政主管部门对全国的环境保护工作实行统一管理；县级以上地方政府的环境保护行政主管部门对本行政区域内的环境保护工作实施统一管理；县级以上人民政府有关部门和军队环境保护部门依照有关法律对资源保护和污染治理等环境保护工作实施监督管理。

189

职责。

另外，正如前文所述，在现行央地分权体制下，地方政府的角色颇为尴尬，现有的环保监管体制中，地方各级环境保护部门的处境更为窘迫。因为地方各级环境保护部门既要接受上级环保部门的"业务指导"，又要接受本级地方政府的"直接领导"，其财政来源也把控在同级财政部门手里，在当前地方政府普遍存在地方保护主义，尤其是在边疆地区，地方政府的经济发展压力更大的情况下，这些地方环保部门的具体业务开展往往会受到诸多限制，无法摆脱地方政府的影响。在以经济建设为中心的发展思路指导下环保部门极易沦为"弱势部门"，所获行政资源也极为有限，对区域内环境解决处理的话语权自然也相对较弱。[1]

当前，为了有效应对日益严重的环境保护形势，国家正在不断加大环保工作力度，环保法律的不断修订和完善是实现良好环保法治的第一步，改革现有环保监管体制，提升行政执法能力为环保法律制度的有效落地提供保障的时机也已经相对成熟。具体来看，要解决风电项目的环境监管机制，必须从强化政府的环保职责，有效增强环保监管机构的监管能力着手，建立相应的协调机制以有效调动所有可用资源，实现对风电环境保护问题的有效监管。

为此，笔者建议将环境监测部门的垂直管理体制扩大到整个环保主管部门的体制构建中，建立从上到下的垂直管理体制。由国家生态环保部对全国环境保护工作进行统一领导和管理，省级环保部门直接对国家环保主管部门负责，接受其领导，并向下领导本行政

---

[1] 韩兆坤. 我国区域环保督查制度体系、困境及解决路径[J]. 江西社会科学, 2016 (5).

区域内的各级环保主管部门工作。县级以上地方环保行政主管部门对地方人民政府汇报工作，但只向上级环保主管部门负责。同时，环保主管部门的人事管理、经费保障也应该参考其他垂直管理部门的模式，部门负责人由上级任命，行政管理经费由国库统一开支，不受地方人事与财政约束。在行政级别上，可以考虑比同级其他政府部门高半级，以方便其组织、协调环保工作的需要。这样就可以使地方环境保护主管部门彻底摆脱地方政府约束，更为坚定、公正、有效地处理本行政区域的环境监管事务。

（二）明确环境主管部门职权范围

实践中，除体制原因限制了环保部门的工作有效性之外，其职责范围的不够明确也是造成其工作效率低下的重要原因。因为现实生活中，涉及环保工作的领域非常庞大，单独的环保部门不可能事无巨细，实现真正的统一管理，所以，《中华人民共和国环境保护法》才会在其第10条第2款做出更为切合实际的规定，明确其他政府部门和军队环保部门的专项环保监管权限。但是缺陷在于，环保行政主管部门除了拥有制定地方环境质量标准和污染排放标准外，其他环保工作的开展与其他兼有环境保护监督管理职责的部门的职权行使并无二致。环境保护主管部门的统一管理权因为没有实权内容，职能才会流于形式。

因此，应该尽快修改法律，明确环境主管部门的职责范围，使其真正切实担当起环境保护"主管"者的角色，对本行政区域内的环境事务实现有效监管。针对环保事务的特点和我国的管理体制现实，在确立环保部门垂直领导后，可以确立由其对本行政区域内的环保工作进行统一管理；同级政府的其他相关业务部门负责执行本部门主管业务范围内的环保事务，并就其环保监管职责范围内的事务，接受本级环保行政主管部门的管理和监督；对于部门之间的环保职责交叉、重合部分，或者遗漏的事项，由环保行政主管部门统一进行协调分配。① 同时，应健全信息公开机制，"促进各职能部门的环保数据的开放共享机制，利用大数据技术汇集各职能部门中的环保信息和数据，以大数据为基础"②，由环保行政主管部门对相关部门的工作实施科学的统一管理和工作协调。

### （三）完善行政问责制度

"如果只是宣示政府防范环境风险的责任，赋予政府环境风险治理的权力，缺乏对政府违法作为或不作为的责任追究，就极易形成环境管制的'政府失灵'，这也是我国环境保护立法的普遍性问题。"③ 目前，我国的环保立法已经将目标责任制和考核评价制度纳入了法律文本，并规定了对发生重大环境违法事件的地方政府领导及环境监管机关的主要负责人实施引咎辞职制度。但有关环保目标责任制度的具体法律规定尚未出台，对于环保考评制度也暂无更具体的法律规范予以支持。环保考评的程序、具体的责任情形、担责程度、责任的追究程序、处罚方式等仍然缺乏具体的法律依据。

---

① 常纪文. 争议与回应：新《大气污染防治法》修订的综合评析 [J]. 生态保护，2015 (15).
② 乔世明，王砚哲，宁金强. 少数民族地区生态环境保护立法研究 [M]. 北京：法律出版社，2017.
③ 王曦. 当前我国环境法制建设急需解决的三大问题 [J]. 法学评论，2008 (4).

因此，应通过立法尽快完善环保领域的行政问责机制，明确地方政府及其责任人的环境保护责任，进一步细化追究政府及工作人员违反环境风险防范责任的具体规则及程序要求。首先，应该将现有且行之有效的相关党内法规上升为正式法律制度。其次，参照近几年的大气污染治理经验，制定具体详尽、操作性强的政府及相关领导、责任人的追责条款，完善环保目标责任制和考核评价机制。最后，对违法违规、失职渎职行为，应及时追责，对于环境监管不力而导致严重生态环境破坏后果的，可以考虑适度加重对监管机构具体责任人的处罚力度，根据其主观状态，分别追究"渎职罪"和"失职罪"，并将任期内生态环境破坏的程度作为量刑的重要依据。"使环境行政问责机制有法可依、有章可循，使政府在环境治理中真正做到权责一致，用权受监督，侵权要追责"[①]，从根本上解决环境治理不力问题。

## 二、重视公众在法律实施中的重要作用

在法律的实施中，应充分发挥当地群众的执法监督作用和守法的自觉性，才能有效保障风能资源开发利用的顺利发展。但当前内蒙古风能资源开发利用中公众参与的机制尚不健全，导致了实践中公众参与风能资源开发利用执法监督的积极性还有守法自觉性较低的实际困境，若不能及时有效化解，在权利意识日益增长的当前社会环境中，必然会对内蒙古风能资源的开发利用产生阻碍。

---

① 李显锋.《大气污染防治法》修改的背景、问题及建议［J］.理论月刊，2015（4）.

现代经济学的基本假设是，人都是有理性的、自利的人，在社会实践活动中，他们总会基于自身利益最大化考虑，而选择或采取相应的行动以维护自身利益。当前，经济学理论基于其较强的解释力和实用性，已经全面渗透到法学研究和法制实践中。因此，法律制度中的权益保障规则，必须为个人的"权利斗争"留下必要的空间，但一个非常必要的前提是，法律规则的设计中，对个人的参与权给予了有效的保障。同样道理，基于自身利益最大化的考虑，公民对国家公权力的行使自然会有较为浓厚的兴趣。动员社会力量参与执法监督是民主法治国家历久弥新的重要话题。即使面对的是由于自身受教育程度等因素影响而表达能力受限的公民，通过畅通其参与执法监督的路径，亦可起到现代公民培育的积极效用。

（一）保障利益相关者参与风电项目征地补偿方案制定

"合理适度发展风能资源开发利用的路径更是一个需要多方、各种利益平衡、博弈、妥协的过程。"[①] 风能资源开发利用中的各类互相交错的利益关系的妥善处理，不仅需要对其实体权益给予积极保护，更需要对其知情权和参与权给予保障，使得农牧民的利益诉求得以表达，既可以增加农牧企之间的有效沟通，也可以为政府决策提供必要参考，增加征地补偿方案的可行性，增强其实际操作效果。现行征地补偿制度并没有给予被征地人有效的参与机会，这也是造成现实中牧企矛盾的关键要素之一。

---

[①] Salter T. NEPA and Renewable Energy: Realizing the Most Environmental Benefit in the Quickest Time [J]. Environs: Envtl. L. & Pol'y J., 2010 (34).

<<< 第五章 内蒙古风能资源开发利用法律保障机制的完善

1. 增加风电项目信息的透明度

在风电企业与地方政府签订协议，着手实施风电项目开发之际，就应该通过当地的电视、广播、网络媒介等平台，将企业及相关项目信息对当地影响范围内的居民进行公开，增进当地居民对该风电项目的了解。政府和企业还应对即将进行的风电项目前期工作的内容和具体的工作方式进行公告，对可能的影响事项进行说明，尤其要对前期工作中可能侵扰当地居民的要素，以及需要居民予以配合的事项进行告知，并说明对居民利益损失的补偿方式（比如，前期工作中的草地踩踏，企业不仅应该获得行政主管部门的审核批准，也应该告知相关居民对居民可能的损失将如何进行补偿）。在风电项目征地获批之后，政府应及时公告征地情况，并将详细的征地范围、征地补偿标准及补偿方式予以公告。

2. 明确农牧民在风电项目征地补偿方案制定过程中的参与权

世界发达国家，普遍重视公众对待风电项目的支持力度①，但也发生过很多因为未能获得公众的有效支持而导致风电项目失败的案例。在体制改革日益深入的当代社会中，我们有一定理由相信政府及其工作人员会依法履行人民公仆的职责，很好地照料辖区居民

---

① 美国纽约长岛南岸的一个 140MW 近岸风能开发项目在申请过程中，早在项目计划阶段，长岛近岸风能项目的发起者就大力寻求公众的参与，并为公众阐释了任何可能产生的疑虑，结果项目不仅得到了国家和当地政府的支持，还得到了环境保护组织、宗教组织和当地社区的支持。英国的一项工程使用宣传的方法来鼓励公众的参与也取得了很大的成功。2004 年，BWEA 发起了一项名为"拥抱先进"的媒体运动，将风能等新能源推向了前台，他们使用的宣传手段从街头海报到名人代言。这个活动给公众讲解了当今时代使用新能源的好处，BWEA 还举行每年一度的风能大会，在第五次会议上他们提议在英国增加更多风力发电场的计划。这些措施非常有效，并最终使得威尔士的可新能源开发计划在公众的支持下在整个地区都得到了发展。

的正当利益，并不断增进他们的福利。但权力自身易于膨胀的特点还是需要从外界对其进行合理的约束，使其更好地沿着既定的目标行进。否则，一个原本微小的矛盾可能演化为当地居民对政府的不信任，进一步激化风电项目征地中的农牧民与企业之间的冲突，引发其对风电项目的激烈反抗。因此，必须明确规定并保障农牧民在风电项目征地补偿方案制定过程中的参与权。通过公众参与机制，可以增加公众对风电项目的了解，并将利益相关的农牧民吸纳进入风电项目征地方案的制定过程，通过反复的沟通和利益博弈，努力达到合作共赢的良好结局。

（二）鼓励公众参与环保执法监督

内蒙古自治区既有丰富的风能资源可供开发利用，同时也是一个生态十分脆弱的地区，占人口比例非常大的蒙古族等少数民族人口基于其在特定地域长期生产生活的实践经验，摸索总结出了许多体现当地生态环境特点和保护规则的"地方性知识"，通过代际传承，深深地影响着当地居民应对自然生态的习惯性思维和处事规则，形成了当地特有的生态法、文化法现象。这些习惯法内容对保护当地的生态环境，实现人与自然的和谐相处依然具有积极意义。蒙古族传统生态习惯法中规定人对自然承担极为苛刻的保护责任，决定了当地居民对风能资源开发利用实践中的生态环保问题极为敏感。

因此，可以考虑通过设定一些激励措施，鼓励当地群众积极参与到当地的环保执法监督中，既可以解决内蒙古牧区因地广人稀而带来的行政监管不便的难题，又可以缓解目前环保监管机构普遍存在的人手不足的现实困境。笔者经过初步考虑认为，可以在当地居民中选择部分教育程度较高，表达能力相对较好，具有较强社会责任感的公民担任环境观察员，及时向上级政府反馈当地的环保执法问题。至于履职保障，可以由上级政府为其提供适当的经费保障和必要补助。

### 三、健全风电场建设纠纷解决机制

纠纷的化解，必须及时有效地为利益受害者提供必要的救济，方能安抚其"受伤的心"，使其更加相信法律，并在以后的行为中，更自觉地遵守法规范。内蒙古牧区尤为特殊的社会现实（地广人稀），使得司法救济的非便利性对很多风能资源开发利用纠纷中的当事人均造成了极大的困扰。因此，我们必须从增强司法救济的便利性与努力拓展纠纷解决的其他渠道两方面来着手完善。

（一）完善纠纷的司法解决机制

在内蒙古风能资源开发利用实践中，即使上述实体制度和程序参与规则均得到一定的改善，农牧民与企业之间依然避免不了会发生一些利益冲突，甚至激化为对抗状态，因此必须进一步完善纠纷的司法解决机制。目前存在的困境主要有三个方面：一是农牧民运用法律武器维权的意识不足，二是风电场建设纠纷（尤其是施工期的阻工纠纷）具有特殊性，三是牧区地域广阔，司法的便利性与可及性受到较大限制。

针对上述第一个原因，笔者建议加强普法教育在边远农牧区的深度推进,充分发挥本地法学生的积极作用,将普法宣传作为其暑期社会实践的重要内容予以落实。对于第二个和第三个困扰因素,针对风电场施工过程中主要靠大量机械完成吊装这一特殊性,建议设立紧急司法令制度,面对需要紧急处理的纠纷,在事实清楚的情况下,可以请求法院在24小时候内通过电话会议、传真等方式签发司法令,企业可依此请求执行机关在24小时内执行。当然,便利诉讼机制还应通过选择适应当地文化特点的便民司法途径,为当地民众的利益维护提供重要保障。鉴于对便民司法问题的研究,目前学界的成果非常丰富,相关的司法实践也正在逐步推进,本文不再详细论述。

(二)完善多元纠纷解决机制

任何社会,司法的力量都是重要的,但也必然是有限的。多元纠纷解决方式近20年来在学术界与实践领域的风靡,正是因为其切合了社会的现实需要。内蒙古风能资源开发利用中的纠纷解决,必须重视司法之外对当地政府以及其他社会力量的引入,创建和创新多元纠纷解决机制,在降低司法成本的同时,及时化解纠纷,为当事人双方的合法利益保障提供有效服务。

1. 重视政府的协调解决能力

一般情况下,进驻草原的风电企业在项目的开发论证阶段,应该对所要开发地区的民族及其文化尤其是对当地民族文化中涉及的保护自然的禁忌和规范进行调研和了解,并在立项和论证时将当地的文化因素考虑进去,如遇有悖于当地传统文化的因素,能停则停,能绕开则绕开,尽量避免或减少因风能开发给牧民带来的精神层面伤害。在开发期满或撤走时要做好善后工作，尽快恢复草原植被，恢复自然环境。这样就能较好地避免对当地居民不必要的利益侵犯，有利于和谐居民与企业之间的关系。但在实践中，企业普遍忽略上述步骤，抱着一种侥幸心态甚至"霸道"的姿态，从而引发了与当地居民之间的种种冲突。在这种情况下，政府往往可以担任协调利益和化解纠纷的重要角色，下面以一个笔者调研中听说的案例来展开分析。

**案例1** 华北电网有一条线路在设计当初，正好经过锡林浩特市宝力根苏木哈那乌拉嘎查牧民胡某草场中的敖包所在地（上空）。而这个敖包是哈那乌拉嘎查牧民常年祭祀的敖包，所以引起全嘎查牧民的强烈反对。牧民们一直抵抗，企业和相关部门协调后，电线东移近200米，绕开了敖包。

在这个案例中，政府作为当地牧民和风电企业的中介，通过其有力的协调，使得当地文化传统得以传递给企业方，增加了其认同度，并基于政府的权力基础，能够在其后继续监督企业的开发建设行为，可以有效避免对当地传统文化的损害。所以，这个纠纷的处理结果皆大欢喜。由此可见，有效发挥政府的中介作用，协调外来企业与牧民之间的冲突，以防这些冲突的扩大和激化是一种非常有效的机制。

另外，对施工过程中阻工问题的解决，除了在项目前期做好调研，理顺土地权益关系（若有出租、转包，要求双方事先签订协议）之外，政府还必须严格执行对不法阻工行为的惩处措施，否则企业可以行政不作为起诉请求损害赔偿。因为"在人们决策是否遵守规则时采用策略行为的条件下,监督需要某种形式公共供给途径,以提供有效监督水平,从而增加人们遵守规则的水平,形成良性循环"①。无论何时,政府力量的必要介入,是解决风能资源开发利用中的牧企纠纷的重要途径之一。

2. 重视非政府组织的调停作用

当前,内蒙古的风电项目主要是由外来企业在做,由于前述的企业管理原因与当地农牧民的个性特点等现实因素影响,风电企业中的本地人数特别少,风电项目的建设周期又比较短,所以在这个过程中,很难实现企业与当地居民之间的有效沟通。而政府作为公权力组织,其本身的执法工作任务很重,没有过多的精力投入到民事纠纷的调停处理中,只有一些比较棘手、必须仰赖政府强权背景才能有效解决的纠纷,才适合交给政府协调处理。普通案件,更多地还是要充分发挥社会力量的调停作用。

因此,必须进一步促进和发展社会公益组织,增加其参与调停牧企纠纷的能力。笔者建议,由当地教育背景良好或德高望重的居民组成一个民间纠纷调停组织,由当地政府给予一定的经费支持,专门为农牧民与企业之间的沟通协作提供有效帮助,并对双方之间的矛盾冲突提供调停服务。

---

① 赵海怡. 论中国文化与自然遗产专项立法的建构 [D]. 济南:山东大学,2008.

<<< 第五章　内蒙古风能资源开发利用法律保障机制的完善

## 小　结

由于内蒙古风能资源开发利用法律保障机制中的现行立法依然存在法律性不强、立法技术水平较低、法律体系不完善、地方立法积极性不足等问题，具体的环境保护制度和征地补偿制度也存在明显瑕疵，再加上现行执法体制存在弊端，公众在执法监督和征地补偿方案制定程序中参与不足，纠纷解决机制不完善，导致了内蒙古风能资源开发利用中出现了大量的有损当地居民合法权益的生态环境破坏的现象，进而引发了牧企冲突。本章针对第二章和第三章所揭示的现实困境，在借鉴德国、丹麦和美国等西方发达国家的法制经验基础上，结合具体国情与区情的考量，对内蒙古现行风能开发利用法制体系的完善提出了初步的思考，对一些具体制度内容的完善提出了一些详细的建议，希望通过立法的科学性、合理性以及周延性的提升，进一步增强内蒙古风能资源开发利用法律制度的规范性与可操作性。总体上，对于共同性的立法问题，建议由国家层面予以完善；对于具有地域特点的生态环保等问题，则建议通过地方立法的方式进行完善。其中，根据内蒙古当地的实际情况，对公众参与环评以及土地征收等制度的一些具体法律规则的完善，提出较为细致的设想。最后，就内蒙古风能资源开发利用的实施机制，笔者从行政监管机制、公众力量的抗衡以及纠纷解决机制的完善三大方面做了简要探讨。行政监管机制的改进策略中，主张改革现行环境保护监管体制，进一步明晰职权与责任的匹配性。另外，主张通过完善公众参与执法监督和"权利抗争"来培育现代公民意识，进而更好地维护自身合法权益；建议通过完善司法制度便利牧企纠纷的解决，主张重视政府在风能资源开发利用纠纷中的协调处理作用和进一步促进非政府的公益组织的发展，重视其在民间纠纷解决中的重要作用。

# 结　语

　　内蒙古坐拥丰富的风能资源，通过有效开发利用可以为本地经济和社会发展带来极好的收益。但目前风能发展，由于立法技术、法制经验、体制掣肘等因素所限，依然存在大量的实践问题。内蒙古风能资源开发利用的健康发展，亟待进一步完善其法律保障机制，以便有效引导和规制风能资源开发利用，维护当地民众的合法权益。本书通过对内蒙古风能资源开发利用的必要性与可行性的论证，为内蒙古风能资源开发利用法律保障机制的研究描绘出了清晰的现实社会背景。通过对内蒙古风能资源开发利用法制体系的梳理，较为清晰地厘清了后续研究的法制背景。紧接着，通过实证调研，详细描述了内蒙古风能资源开发利用中存在的生态环境破坏和征地补偿纠纷这两类比较突出的现实问题，并进一步分析了其背后所折射的现行法律保障机制在立法与法律实施环节所存在的缺陷。解决问题并没有现成的方案，那么从发达国家的法制经验中获得经验启示未尝不是一种较为快速的捷径选择。因此，本书第四章分别研究了德国、丹麦和美国三个风电发达国家的法制历程及法治特点，认真分析归纳了其对完善内蒙古风能资源开发利用法律保障机制的启示与借鉴。而最后一章则是根据上述启发，以及对具体国情与区情的考量，从法制体系、具体制度和法律实施机制三个方面分别提出了完善的建议。总体上，对于共同性的立法问题，建议由国家层面予以完善，对于具有地域特点的生态环保等具体问题，则建议通过地方立法的方式进行完善。

# 参考文献

## 中文著作类

[1]〔德〕阿图尔·考夫曼. 法律哲学[M]. 2版. 刘幸义,译. 北京:法律出版社,2011.

[2]〔德〕伯恩·魏德士. 法理学[M]. 丁晓春,吴越,译. 北京:法律出版社,2013.

[3]〔比〕马克·范·胡克. 法律的沟通之维[M]. 孙国东,译. 北京:法律出版社,2008.

[4]〔美〕珀西瓦尔. 美国环境法[M]. 赵绘宇,译. 北京:法律出版社,2014.

[5] 陈伯礼. 授权立法研究[M]. 北京:法律出版社,2000.

[6] 曹明德. 生态法新探[M]. 北京:人民出版社,2007.

[7] 陈计旺. 地域分工与区域经济协调发展[M]. 北京:经济管理出版社,2001.

[8] 陈泉生,等. 环境法哲学[M]. 北京:中国法制出版

社，2012.

［9］陈瑞华.论法学研究的第三条道路［M］.北京：北京大学出版社，2009.

［10］郑永流，朱庆育.中国法律中的公共利益［M］.北京：北京大学出版社，2014.

［11］〔美〕道格拉斯·C.诺斯.制度、制度变迁与经济绩效［M］.杭行，译.上海：格致出版社，上海三联书店，上海人民出版社，2014.

［12］〔美〕道格拉斯·C.诺斯.经济史中的结构与变迁［M］.陈郁等，译.上海：上海三联书店，上海人民出版社，1994.

［13］〔美〕恩斯特·盖尔霍恩，罗纳德·M.莱文.行政法［M］.北京：法律出版社，2001.

［14］〔美〕弗里德曼.法律制度［M］.李琼英，译.北京：中国政法大学出版社，1994.

［15］胡静.环境法的正当性与制度选择［M］.北京：知识产权出版社，2009.

［16］胡孝红.各国能源法新发展［M］.厦门：厦门大学出版社，2012.

［17］〔日〕宫本宪一.环境经济学［M］.朴玉，译.北京：生活·读书·新知三联书店，2004.

［18］巩固.环境伦理学的法学批判［M］.北京：法律出版社，2015.

［19］龚向前.气候变化背景下能源法的变革［M］.北京：中

国民主法制出版社，2008.

[20] 黄建初. 中华人民共和国可再生能源法释义 [M]. 北京：法律出版社，2010.

[21]〔美〕凯斯－R 孙斯坦. 风险与理性：安全、法律及环境 [M]. 师帅，译. 北京：中国政法大学出版社，2005.

[22] 卢现仁. 新制度经济学 [M]. 武汉：武汉大学出版社，2004.

[23] 吕忠梅，等. 理想与现实 [M]. 中国环境侵权纠纷现状及救济机制构建. 北京：法律出版社，2011.

[24] 马克思，恩格斯. 马克思恩格斯选集：第四卷 [M]. 北京：人民出版社，1995.

[25]〔日〕青木吕彦. 比较制度分析 [M]. 上海：远东出版社，2001.

[26] 乔世明. 少数民族地区生态自治立法研究 [M]. 北京：中央民族大学出版社，2014.

[27] 桑东莉. 气候变化与能源政策法律制度比较研究 [M]. 北京：法律出版社，2013.

[28] 盛洪. 现代制度经济学（下卷）[M]. 北京：北京大学出版社，2004.

[29] 史锦华. 西部民族地区可再生能源发展研究 [M]. 北京：新华出版社，2010.

[30] 史玉成，郭武. 环境法的理念更新与制度重构 [M]. 北京：高等教育出版社，2010.

[31]〔德〕托马斯·莱赛尔. 法社会学基本问题 [M]. 王亚

飞,译. 北京：法律出版社, 2014.

[32]〔瑞典〕托马斯·思德纳. 环境与自然资源管理的政策工具 [M]. 上海：上海三联书店、上海人民出版社, 2005.

[33] 王灿发. 新《环境保护法》实施情况评估报告 [M]. 北京：中国政法大学出版社, 2016.

[34] 王霁霞. 行政法实施效果研究：以行为主体的利益选择为视角 [M]. 北京：中国法制出版社, 2012.

[35] 王平. 问责权法治化研究 [M]. 北京：光明日报出版社, 2012.

[36] 王青斌. 行政规划法治化研究 [M]. 北京：人民出版社, 2010.

[37] 王树义. 环境法基本理论研究 [M]. 北京：科学出版社, 2012.

[38] 王仲颖, 任东明, 秦海岩, 等. 世界各国可再生能源法规政策汇编 [M]. 北京：中国经济出版社, 2013.

[39] 徐强胜. 经济法和经济秩序的构建 [M]. 北京：北京大学出版社, 2008.

[40] 熊文钊. 大国地方：中国民族区域自治制度的新发展 [M]. 北京：法律出版社, 2008.

[41] 郑永流, 朱庆育. 中国法律中的公共利益 [M]. 北京：北京大学出版社, 2014.

[42]〔美〕约翰·罗尔斯. 正义论 [M]. 何怀宏, 何包钢, 廖申白, 译. 北京：中国社会科学, 1988.

[43] 马清平. 人类之殇 [M]. 北京：中国环境出版社, 2015.

［44］周厚丰．环境保护的博弈［M］．北京：中国环境科学出版社，2007．

［45］张静，李卒，刘阳．民族地方立法的实证研究［M］．北京：中国政法大学出版社，2015．

［46］周少青．权利的价值理念之维度：以少数群体保护为例［M］．北京：中国社会科学出版社，2016．

［47］张守文．分配危机与经济法规制［M］．北京：北京大学出版社，2015．

［48］国家可再生能源中心．中国可再生能源产业发展报告2016［M］．北京：中国经济出版社，2016．

［49］张勇．能源立法中生态环境保护的制度建构［M］．上海：上海人民出版社，2013．

［50］中国华能集团公司技术经济研究院课题组．全景式框架下可再生能源政策国别研究［M］．北京：中国电力出版社，2014．

## 二、中文期刊类

［1］姜宝林．内蒙古风电产业发展现状及前景分析［J］．前沿，2009（2）．

［2］B. 奈德尔曼．德国《可再生能源法》（EEG 2017）陆上风电修订内容解读［J］．赖雅文，编译．风能，2016（10）．

［3］杜群，廖建凯．德国与英国可再生能源法之比较及对我国的启示［J］．法学评论，2011（6）．

［4］常纪文．争议与回应：新《大气污染防治法》修订的综

合评析 [J]. 生态保护, 2015 (15).

[5] 龚向前. 可持续能源法规的经济学分析 [J]. 江西社会科学, 2008 (7).

[6] 侯佳儒. 美国可再生能源立法评介 [J]. 风能, 2010 (3).

[7] 韩兆坤. 我国区域环保督查制度体系、困境及解决路径 [J]. 江西社会科学, 2016 (5).

[8] 蒋懿. 德国可再生能源法对我国立法的启示 [J]. 时代法学, 2009, 6 (7).

[9] 李国庆, 刘志锋, 常学礼, 等. 风电场对草地蒸散发影响分析 [J]. 生态科学, 2016 (6).

[10] 李化. 澳大利亚新能源发展: 法律、政策及其启示 [J]. 理论月刊, 2011 (12).

[11] 李显锋.《大气污染防治法》修改的背景、问题及建议 [J]. 理论月刊, 2015 (4).

[12] 李瑞庆. 英国和德国可再生能源制度比较分析. 电力需求侧管理, 2009, 1 (11).

[13] 李艳芳. 气候变化背景下的中国可再生能源法制 [J]. 政治与法律, 2010 (3).

[14] 李郁芳, 康达华. 京津冀环保一体化能否引领区域治理体制创新: 基于集权分权视角 [J]. 社会科学前线, 2016 (3).

[15] 梁志鹏. 国外风力发电的发展机制和政策法规述评 [J]. 中国能源, 2002 (10).

[16] 刘斌, 张晶晶. 关于内蒙古自治区能源项目征地补偿机

制有关问题的探讨 [J]. 内蒙古师范大学学报（哲学社会科学版），2013（1）.

[17] 刘超. 气候资源国家所有的社会功能与权利结构 [J]. 政法论丛，2014（3）.

[18] 刘桂清. 产业政策失效法律治理的优先路径："产业政策内容法律化"路径的反思 [J]. 法商研究，2015（2）.

[19] 刘力全，王圆嫒，等. 内蒙古自治区风能源分布情况及开发过程中存在的问题 [J]. 内蒙古石油化工，2012（14）.

[20] 张金鹏. 社会学视野下的民族地区生态环境研究 [J]. 云南民族大学学报（哲学社会科学版）.2007（7）.

[21] 彭小霞. 农民参与农村主地征收：理论基础、现实困境及路径选择 [J]. 农村经济，2013（6）.

[22] 潘艳秋，李谣. 辉腾锡勒风电场对区域生态环境影响初探 [J]. 北方环境，2011（10）.

[23] 桑东莉. 美国可再生能源立法的发展新动向 [J]. 郑州大学学报（哲学社会科学版），2011（1）.

[24] 唐学军，陈晓霞，杨长海. 西藏自治区风能资源开发与保护法律问题研究 [J]. 乐山师范学院学报，2015（6）.

[25] 杨解君. 面向低碳的法律调整和协同：基于应然的分析与现实的检讨. 法学评论，2014（2）.

[26] 杨解君，蔺耀昌. 新能源及可再生能源开发利用与环境资源保护的关系及其立法协调 [J]. 行政法学研究，2008（1）.

[27] 杨惜春. 论我国风能资源开发利用法律制度 [J]. 可再生能源法，2010，2（28）.

[28] 于午铭. 风光资源开发中一个战略性问题单位占地面积产能率［J］. 风能, 2016（2）.

[29] 王明远. "看得见的手"为中国可再生能源产业撑起一片亮丽的天空：基于《中华人民共和国可再生能源法》的分析［J］. 现代法学, 2007（6）.

[30] 王太高. 风能开发利用中的行政许可研究［J］. 中德法学论坛（第9辑）.2012.

[31] 王曦. 当前我国环境法制建设急需解决的三大问题［J］. 法学评论, 2008（4）.

[32] 文晓静. 论气候资源的有限开发与行政法规制：以太阳能和风能为分析标本［J］. 云南大学学报法学版, 2014, 1（27）.

[33] 张璐. 论气候资源立法的法律逻辑［J］. 北京理工大学学报：社会科学版, 2013（3）.

[34] 赵宗慈, 罗勇, 江滢. 风电场对气候变化影响研究进展［J］. 气候变化研究进展, 2011（6）.

[35] 段钢, 陈玮. 试论内蒙古风能资源的综合利用［J］. 内蒙古科技与经济, 2010（5）.

[36] 邹德钦. 内蒙古牧区风资源的生成及特征［J］. 内蒙古科技与经济, 1998（4）.

## 三、学位论文

[1] 白永利. 民族地区矿产资源生态补偿法律问题研究［D］. 北京：中央民族大学法, 2011.

[2] 黄东斌. 论征收权行使的法律控制［D］. 重庆：重庆大学，2010.

[3] 蒲俊丞. 土地权利限制制度研究［D］. 重庆：重庆大学，2010.

[4] 徐文文. 绿色电力发展的法律机制［D］. 上海：华东政法大学，2011.

[5] 王江. 生态环境恢复法律制度研究［D］. 重庆：重庆大学，2010.

[6] 王楠. 内蒙古赤峰市风电产业开发负外部性利益补偿研究［D］. 北京：中央民族大学经济，2015：65.

[7] 赵海怡. 论中国文化与自然遗产专项立法的建构［D］. 济南：山东大学，2008.

## 四、外文文献

[1] RABE. B. G. Greenhouse& statehouse：The Evolving State Government Role in Climate Change［J］. Energy User News. 2003，28（2）：30

[2] Rabe. B. G. Race to the Top：The Expanding Role of U. S. State Renewable Portfolio Standards［J］. Sustainable Development Law & Policy. 2007，7（3）：10－16：

[3] CHRISTENSEN. T. K，HOUNISEN. J. P. Investigations of migratory birds during operation of Horns Rev offshore wind farm［R］. NERI Note 2004，Commissioned by Elsan engineering A/S

［4］RAHM, DIANNE. Sustainable Energy and the States：Essays on Politics, Markets and Leadership［M］. McFarland&Company, Inc. 2006：44 – 47.

［5］DESHOLM. M, KAHLERT . J. Avian collision risk at an offshore wind farm［J］. Biology letters,? 2005, 1（3）：296 – 298. ?

［6］DANISH PARLIAMENT. Promotion of Renewable Energy Act［M］. Copenhagen：Danish Parliament, 2009：1.

［7］DODD. E. M. For Whom Are Corporate Managers Trustees［J］. Harvard Law Review. 1932, 7：1161 – 1162.

［8］MENA. F. C. Green Electricity Policies in the United State：Case Study［J］. Energy Policy. 2005, 33.

［9］GERMAN, BUNDESTAG. Act on granting priority to renewable energy sources（Renewable Energy Sources Act – EEG2004）［Z］. Berlin：German Bundestag, 2004：20.

［10］IEA. Energy Policy of IEA Country – Denmark［M］. Pairs：IEA. 2011：16.

［11］TOMAIN. J. P, CUDAHY. R. D. Energy Law in a nutshell［M］. ThomsonWest. 2004：56

［12］BAUCUS. M. Summary of staff Discussion Draft：Energy Tax Reform［M］. Washington：U. S. Senate Committee on Finance, 2013：12.

［13］MARIA . M. R. V. S. , JACOBSON. M. Z. Investigating the effect of large wind farms on energy in the atmosphere［J］. Energies. 2009, 2：816 – 838

[14] SALTER . T. NEPA and Renewable Energy: Realizing the Most Environmental Benefit in the Quickest Time [M]. Environs: Envtl. L. & Pol' y J. 2010: 34.

[15] VAUTARD. R, CATTIAUX. J, YIOU. P, et al. Northern Hemisphere atmospheric stilling partly attributed to an increase in surface roughness [J]. Nature Geoscience. 2010, 3: 756-761

[16] WWER. Community Wind in North Rhine – Westphalia—perspectives from State, Federal and Global Lever [EB/OL]. (2018/03/07). http://www.wwindea.org/wp-content/uploads/2018/02/CP_ Study_ English_ reduced.pdf.

# 附录：内蒙古风能资源开发利用中当地群众的利益保障情况的调查问卷

尊敬的朋友：

　　您好！我是中央民族大学在读博士研究生，因为毕业论文的需要做此次调查，本问卷不记名，答案也绝无对错之分，您所填写的信息仅供学术研究之用，敬请放心地真实填写，您的回答对我研究结论的有效性至关重要！希望您能抽出宝贵的时间填写一下问卷，非常感谢您的支持与合作，祝您生活愉快！

## 一、基本信息

Q1：您的性别是

1. 男

2. 女

Q2：您的年龄是

1. 18 岁以下

2. 18～30

3. 30~45

4. 45 以上

Q3：您的文化程度是

1. 初中以下

2. 高中

3. 本科

4. 硕士以上

Q4：您的民族是

1. 蒙古族

2. 汉族

3. 回族

4. 满族

5. 其他　　　（请注明）

Q5：您的职业是

1. 公职人员

2. 企业雇员

3. 农/牧民

4. 在校学生

5. 其他　　　（请注明）

Q6：您家庭的主要收入来源是（选两项）

1. 农业收入

2. 畜牧业收入

3. 经商

4. 工资收入

5. 其他　　　　　（请注明）

## 二、家用小风机推广使用状况

Q7：您家里有风力发电设备（或风光互补设备）吗？

1. 有

2. 没有（请直接跳至 Q13）

Q8：您家里的风力发电设备（或风光互补设备）主要用作？（可多选）

1. 牧场提水

2. 生活照明

3. 家用电器

4. 经济生产

Q9：您家里现有的风电设备（或风光互补设备）是否享受了国家补助？

1. 有

2. 没有

Q10：您的家庭参与这次的风光互补设备升级改造工程了吗？

1. 有（直接跳至 Q12）

2. 没有

Q11：您不参与设备升级改造的原因是什么？

1. 费用太高

2. 目前的设备够用了

3. 等待电网接入

4. 对风电设备的使用效果不满意

Q12：您认为风电设备（或风光互补设备）有什么优点？（可

多选）

1. 绿色环保

2. 经济效益高，少交电费

3. 产品价格便宜，使用成本低

4. 实用性高，可以用很久，并且使用方便

Q13：您认为家用风电设备的缺点是什么？（可多选）

1. 容易坏，维修不方便

2. 价格昂贵，使用成本高，不是很多家庭可以负担得起

3. 实用性弱，使用不方便

4. 危险系数高，不利于使用

Q14：您认为家用风电设备的发展现状和前景如何？

1. 很好

2. 一般

3. 很差

Q15：您本地推广家用风电设备（或风光互补设备）有何建议或意见？

### 三、风电场建设对周边群众的实际影响情况

Q16：您对风力发电场是否有所了解？

1. 不清楚

2. 知道一点

3. 清楚

4. 非常清楚

Q17：您是否支持在本地建设和运营风电场？

1. 支持

2. 有条件支持　　　　（请注明条件）

3. 反对（跳至 Q19）

4. 说不清

Q18：如果支持，原因是？（多选）

1. 风电项目能加快当地建设，发展当地经济

2. 风电项目能创造就业机会

3. 风电项目能增加收入

4. 风电项目提供清洁能源，经济又环保

5. 其他　　　　（请注明）

Q19：如果反对，原因是？（多选）

1. 风电场施工期的社会治安会变差

2. 风电场建设和运营会破坏生态环境，造成污染

3. 风电场会影响农牧业生产

4. 风电场建设和运营与自己的民族宗教习惯冲突

5. 其他　　　　（请注明）

Q20：您认为风力发电项目的实施对本地农牧业生态环境产生的影响如何？

1. 有利　　　（请注明理由）

2. 不利　　　（请注明理由）

3. 影响很小

4. 不太了解

Q21：关于风电场建设，您最担心的环境问题是什么？（可多选）

1. 生态环境恶化

2. 垃圾污染

3. 噪声污染

4. 其他　　　　　（请注明）

Q22：您或您周围居民有与风电项目建设或运营方产生冲突的情况吗？

1. 有

2. 没有

3. 不清楚

Q23：冲突的原因是？

1. 劳动纠纷

2. 不满征地补偿款引起的冲突

3. 反对建设风电场引起的冲突

4. 其他原因的冲突　　　　　（请注明）

## 四、风电项目征地补偿情况

Q24：您自己或周围熟悉的人是否有遇到风电项目占用自家房屋、土地（草场、林地）的情况？

1. 有

2. 没有（请直接跳至 Q30）

Q25：被占土地（草场、林地）的面积大概占您家或您熟人家庭全部土地面积的比例是？

1. 1/5

2. 1/2

3. 2/3

4. 其他　　　（请注明）

Q26：您或您的熟人是否了解此类项目的征地补偿标准？

1. 了解

2. 不了解

3. 说不清

Q27：您或您的熟人是否接受当前的补偿标准？

1. 接受

2. 基本接受

3. 不接受　　　（请注明原因）

4. 说不清

Q28：若发生征地纠纷，您或您的熟人会采取什么措施？（多选）

1. 向政府部门反映

2. 与项目施工方进行协商

3. 向法院起诉

4. 公众媒体求助

5. 其他　　　（请注明）

Q29：您对本地的风电项目的征地补偿有何建议或意见？

# 后　记

　　这本书是在我博士论文的基础上修订而成的，在书稿即将修订完成之际，首先要感谢母校——中央民族大学对我的培养和熏陶。我在这座美丽的校园里学习、生活了三年，数不清听了多少场讲座、蹭了多少个报告会，还参加了多少场民研院每周五举办的学术沙龙……中央民族大学秉持的求真务实、平等博爱对我产生了深深的影响。老师们深入田野、克服艰难困阻的故事必将激励我在以后的学术之路上走出书斋去认真研究实践中的问题。

　　仔细回顾论文写作和书稿修订这段历程，我自觉一直在风尘仆仆和磕磕绊绊中蹒跚学步，我衷心感谢给予我指导、帮助和关爱的各位老师、同事、同学和亲友们！感谢我的导师乔世明教授！感谢您循循善诱，慢慢引领我进入到民族地区环境与资源法制这样一个充满情怀的研究领域，让我每一天的研究生活都能感受到责任与爱。感谢徐中起教授、熊文钊教授、陆平辉教授等授课老师耐心为我传道解惑。感谢宋玲老师和田艳老师对我学习和生活上的关心和照顾！感谢在内蒙古工作和生活的各位同学、朋友对我调研活动的大力支持，尤其感谢胡玉荣师姐和李廷亨师兄为我联系调研社区，感谢大家在收集数据材料、沟通接洽等诸多方面提供的莫大帮助！

这本书的成形，也与我家人的支持牢不可分。"哀哀父母，生我劬劳！"深深感恩我淳朴善良的父母！女儿不孝，二十年漂泊在外，未能侍奉七旬老父母于堂前，每每念及，无不诚惶诚恐！但愿苍天怜我，佑我父母安康！感谢我的先生汪伟！十七余载的相知相伴，是你给了我人生最温暖的港湾。感谢你在繁忙的工作之余陪我走访、调研，逐字逐句为我校正稿件，包容我的情绪起伏，安抚我的沮丧与困顿。感谢两个"小棉袄"带给我的幸福和快乐！感恩大女儿的温暖贴心、小女儿的娇憨可爱，你们始终是我勇往直前的无穷动力！

感谢编者对本书所付出的辛苦，没有你们的督促和细致的工作，这本书就不会这么快地与读者见面。当然要感谢的人还有很多，纸短情长，此处不再一一致谢，但恩情永远铭记在心！

我深知本书的完成只是我关注和研究风能资源开发利用法制问题的一个小小的起点，但已给予了我莫大的鼓励和信心。与此同时，我也深知书中存在瑕疵与失误在所难免，还望诸位专家和同人能慷慨指正。

宁金强

2019 年 4 月 6 日